우주 아틀라스

초판 1쇄 발행 2023년 5월 26일

톰 잭슨 글 | 아나 조르제비츠 그림 | 이강환 옮김

펴낸이 김현태 **펴낸곳** 책세상어린이
등록 2021년 1월 22일 제2021-000032호
주소 서울시 마포구 잔다리로 62-1, 3층(04031)
전화 02-704-1251 **팩스** 02-719-1258
이메일 editor@chaeksesang.com
광고·제휴 문의 creator@chaeksesang.com
홈페이지 chaeksesang.com
페이스북 /chaeksesang **트위터** @chaeksesang
인스타그램 @chaeksesang **네이버포스트** bkworldpub

ISBN 979-11-5931-846-7 74000
ISBN 979-11-5931-844-3 (세트)

- 잘못되거나 파손된 책은 구입하신 서점에서 교환해 드립니다.
- 책값은 뒤표지에 있습니다.
- 책세상어린이는 도서출판 책세상의 아동·청소년 브랜드입니다.
- 7세 이상의 어린이에게 적합한 도서입니다. Printed in Korea

Space Atlas: A journey from earth to the stars and beyond
Written by Tom Jackson and illustrated by Ana Djordjevic
© 2018 Quarto Publishing plc.
First published in the UK in 2018 by QED Publishing, an imprint of The Quarto Group. All rights reserved.
Korean language edition ©2023 by Chaeksesang Pub. Co.
Korean translation rights arranged with The Quarto Group, via EntersKorea Co., Ltd., Seoul, Korea.

이 책의 한국어판 저작권은 (주)엔터스코리아를 통해 저작권사와 독점 계약한 책세상에 있습니다.
저작권법에 의해 한국 내에서 보호를 받는 저작물이므로 무단 전재와 복제를 금합니다.

PICTURE CREDITS

Shutterstock/Amanda Carden 4cl; NASA/JPL-Caltech/Harvard-Smithsonian CfA 7tr;Ocean Biology Processing Group at NASA's Goddard Space Flight Center 8br; Shutterstock/Tristan3D/Aphelleon 13tr; NASA/Johns Hopkins University Applied Physics Laboratory/Arizona State University/Carnegie Institution of Washington 16br; Getty Images/Sovfoto/UIG 18cr; NASA, modifications by Seddon 20tr; Kudinov Konstantin 22cr; NASA/JPL-Caltech/SwRI/MSSS/Betsy Asher Hall/Gervasio Robles 24tr; NASA/JPL/Space Science Institute 27tl; Erich Karkoschka (University of Arizona) and NASA/ESA 28tr; NASA/JPL 30br; NASA/Johns Hopkins University Applied Physics Laboratory/Southwest Research Institute 33tr; Joshua Tree National Park/Brad Sutton 35tr; ESA/Rosetta/NAVCAM 35br; Y. Beletsky (LCO)/ESO 36tr; NASA/ESA/C.R. O'Dell (Vanderbilt University) 40br; Rogelio Bernal Andreo 42br; Smithsonian Institution 44tr; Harel Boren 48bl; NASA 48br; NASA 49tr; Shutterstock/Denis Belitsky 50bl; NASA/CXC/MIT/F. Baganoff, R. Shcherbakov et al. 52br; NASA/JPL-Caltech 55bl; ESA/Hubble & NASA 56br; NASA/Chris Gunn 59bc; NASA/WMAP Science Team 60tr

차례

들어가며	4
우주의 크기	6
지구	8
국제 우주 정거장	10
달	12
태양	14
수성	16
금성	18
화성	20
소행성대	22
목성	24
토성	26
천왕성	28
해왕성	30
명왕성	32
핼리 혜성	34
프록시마 센타우리	36
외계 행성 프록시마b	38
NGC 2392 성운	40
큰개자리 VY	42
게성운	44
펄서 LGM-1	46
카리나 성운	48
우리은하	50
궁수자리 A* 블랙홀	52
국부 은하군	54
퀘이사 3C 273	56
제임스 웹 우주 망원경	58
우주의 끝을 찾아서	60
용어 사전	62
찾아보기	64

우리 함께 행성과 별들을 지나 아주 멀리 떨어진 은하들까지 여행을 떠나요. 여러분은 달보다 먼 곳을 여행하는 최초의 사람이 될 거예요. 3-2-1… 발사!

INTRODUCTION

들어가며

지금부터 우주를 여행해 볼까요? 우리는 지구를 떠나 행성과 별, 소용돌이치는 은하와 블랙홀, 그리고 더 먼 우주를 함께 여행할 거예요. 어떤 기분이 들어요?

우리가 여행할 곳을 미리 살펴보아요. 맑은 날 캄캄한 밤에 밖으로 나가 하늘을 보세요. 밝은 태양이 지고 나면 까만 우주가 보일 거예요. 반짝이는 작은 점들은 대부분 별이에요. 이 별들은 우리 태양처럼 밝게 타오르지만, 수조 킬로미터나 떨어져 있죠. 이 별들이 내보낸 빛은 몇 년에 걸쳐 지구를 향해 날아와 우리의 눈에 도착한 거예요.

우주 과학

우주와 천체를 연구하는 과학자를 '천문학자'라고 해요. 천문학자가 다른 별이나 행성으로 직접 여행을 떠나는 건 아니에요. 대신 우주가 방출하는 빛과 여러 형태의 에너지 파동을 관찰해서 우주에 관한 놀라운 사실들을 찾아내죠. 아주 오래전의 천문학자들은 매일 밤하늘을 바라보며 별들이 움직이는 모습을 관찰했어요. 그러다가 많은 별들과는 다른 길을 따라 움직이는 천체가 있다는 걸 알아챘어요. 그건 바로 화성 또는 금성 같은 우리 태양계의 행성들이었어요.

2세기에 행성과 별을 연구한 그리스의 천문학자 프톨레마이오스

별자리

우리 선조들은 별들이 모여 만들어 낸 모양에 이름을 지어 주었어요. 그중에는 고대 그리스 사람들이 자신들의 신화에 나오는 존재의 이름을 붙인 것이 많답니다. '헤라클레스' 같은 영웅도 있고, '용'이나 '큰곰' 같은 동물도 있어요. 현대의 천문학자들은 하늘을 88개의 별자리로 나누는데, 그 가운데 많은 것이 고대 그리스 신화에서 비롯한 이름이에요.

물병자리

염소자리

SIZING UP THE UNIVERSE

우주의 크기

우주는 어마어마하게 커요. 우리가 아는 모든 것이 우주에 있지요. 천문학자들은 우주가 얼마나 큰지, 별과 행성들이 어디에 있는지 알아내기 위해 우주에서 엄청나게 멀리 떨어진 거리를 측정하는 방법을 연구했어요. 먼저 이 놀라운 우주에서 지구가 어디에 있는지 알아보기로 해요.

지구는 우리 태양계에 있어요. 태양계는 지구와 다른 행성들, 그리고 소행성과 혜성들이 태양의 주위를 돌고 있는 곳이에요.

태양계는 태양을 포함해 수천억 개의 별이 소용돌이치며 모여 있는 큰 덩어리인 은하 안에 있어요. 은하 가운데 태양계가 속한 은하를 '우리은하'라고 불러요.

은하들은 우주에 고르게 퍼져 있지 않고, 함께 모여 '은하단'을 이루고 있어요. 우리은하가 속한 은하단을 '국부은하군'이라고 해요.

은하단이 모인 덩어리를 '초은하단'이라고 불러요. 우리가 속한 은하단의 이름은 '처녀자리 초은하단'이에요.

이런 초은하단은 우리 우주에 1000만 개 정도 있다고 해요!

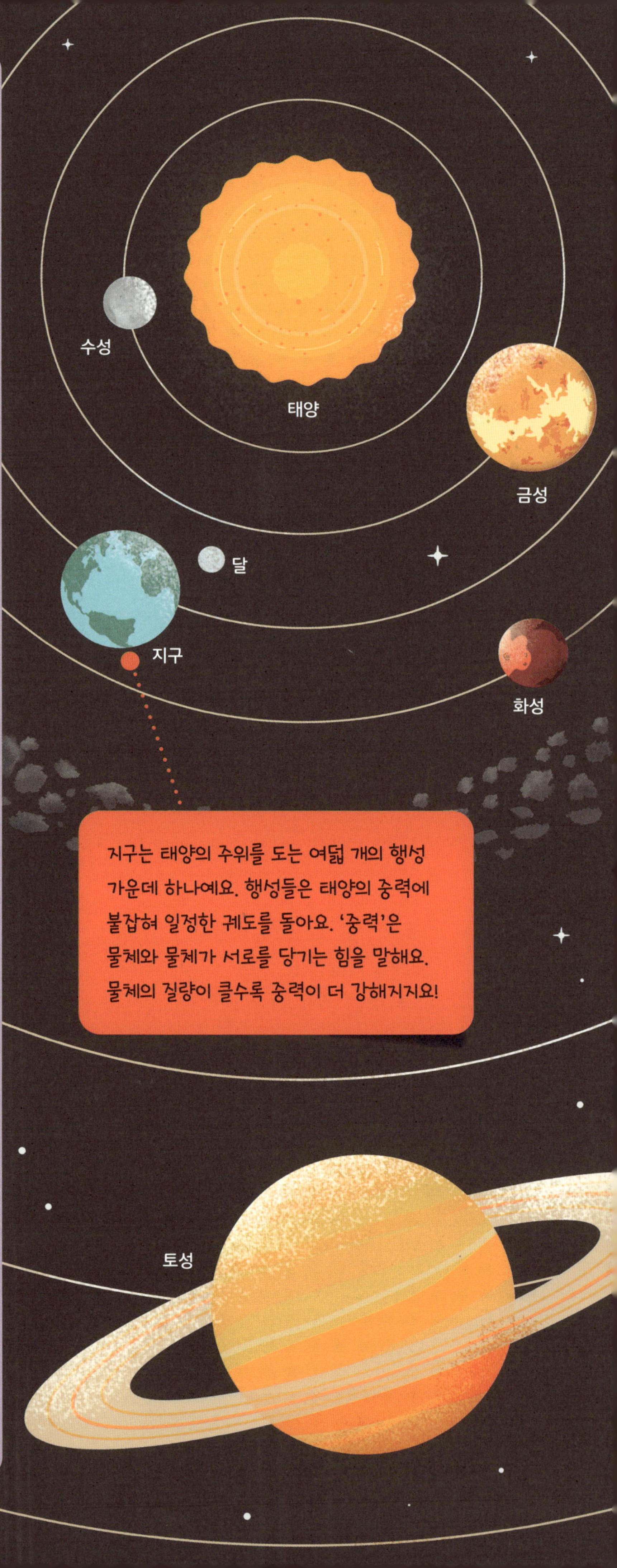

지구는 태양의 주위를 도는 여덟 개의 행성 가운데 하나예요. 행성들은 태양의 중력에 붙잡혀 일정한 궤도를 돌아요. '중력'은 물체와 물체가 서로를 당기는 힘을 말해요. 물체의 질량이 클수록 중력이 더 강해지지요!

태양계의 지름은 약 2800억 킬로미터예요.

별 헤아리기

우주에 별이 몇 개나 있는지 정확히 아는 사람은 없지만, 과학자들은 약 70,000,000,000,000,000,000,000개라고 추정해요. 7조가 100억 개 있는 수예요! 우리 태양은 이 별들 가운데 하나예요. 맑은 날 밤에 도시에서 멀리 떨어져 불빛이 없는 어두운 곳에 가면 하늘에서 2000개쯤 되는 별을 볼 수 있어요. 또 성능이 좋은 망원경을 사용하면 수백만 개의 별을 볼 수 있고요. 하지만 우주에는 그보다 훨씬 많은 별들이 있어요. 우주에는 태양보다 엄청나게 밝지만 보이지 않는 별들이 잔뜩 있답니다.

'스피처 우주 망원경'이 찍은 사진이에요. 지구에서 약 400광년 떨어진 곳에 있는 별들이지요.

목성

천왕성

해왕성

우주의 거리 측정

우주의 거리를 수치로 나타낼 때 '미터'나 '킬로미터'를 사용하면 너무 많은 숫자를 써야 해서 알아보기가 어려워요. 예를 들어 태양에서 지구까지의 거리를 킬로미터로 나타내면 '149,597,870킬로미터'라고 써야 하거든요. 그래서 천문학자들은 태양계에서 거리를 나타낼 때 '천문단위(Astronomical Units, AU)'를 사용해요. 1AU는 지구와 태양의 평균 거리를 뜻해요. 하지만 우주는 태양계보다 엄청나게 커서, '광년'이라는 단위도 같이 사용해야 해요. 1광년은 빛이 1년 동안 이동하는 거리를 말해요. 킬로미터로 바꾸면 약 9,460,730,472,580킬로미터랍니다.

지구와 태양의 거리는 1AU예요.

빛이 1년 동안 이동하는 거리가 1광년이에요.

EARTH
지구

지구는 아주 특별한 행성이에요. 우주에서 파인애플, 푸들, 사람 같은 생명체가 사는 것으로 알려진 행성은 지구뿐이지요. 지구에 생명체가 살 수 있는 이유 가운데 하나는 물이 아주 많기 때문이에요. 모든 생명체는 살아가기 위해서 물이 꼭 필요하거든요.

우리가 시간을 측정하는 방법은 지구의 움직임에서 왔어요. 낮과 밤은 우리 지구가 24시간마다 한 바퀴씩 자전하기 때문에 생겨요. 지구 표면의 어떤 곳이든 약 12시간 동안 햇빛을 받아요. 날이 저물 때 태양이 서서히 우리 시야에서 사라지는 것도 지구가 자전하기 때문이에요. 1년은 지구가 태양 주위를 한 바퀴 도는 데 걸리는 시간이에요. 약 365일이죠.

지구 표면의 약 70퍼센트는 물로 덮여 있어요. 지구의 생명은 바다에서 시작되었어요.

지구의 대기

과학자들은 지구를 둘러싼 기체의 층을 '대기'라고 불러요. 지구에 있는 대부분의 기체는 지표면에서 약 10킬로미터 높이까지에 있어요. 이 기체층에 있는 물이 눈에 보이지 않는 수증기 형태로 모여 구름을 만들지요. 구름층 위로는 대기가 점점 얇아져 우주 공간과 연결된답니다.

- **크기:** 지름 약 12,756km
- **무게:** 6×10^{21} t
- **하루:** 24시간
- **1년:** 365일
- **태양에서의 거리:** 1AU
- **대기:** 질소, 산소, 아르곤
- **위성:** 1개

궤도

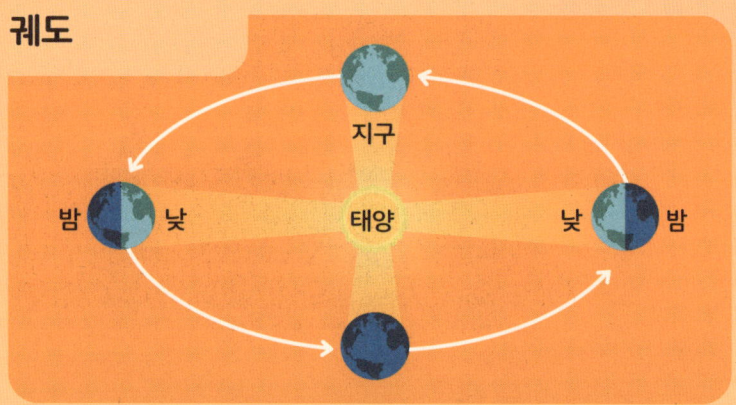

인공위성에서 찍은 지구 사진이에요. 물방울들이 모여 만들어진 구름이 소용돌이치는 모습을 볼 수 있어요.

지구의 표면을 둘러싼 이곳을 '지각'이라고 불러요. 단단한 암석으로 이루어져 있어요.

이곳은 '맨틀'이에요. 마그마라고 부르는 뜨겁고 끈적한 암석으로 가득 차 있어요.

이곳은 '외핵'이에요. 액체 상태의 금속으로 이루어졌어요.

지구의 가장 안쪽인 '내핵'이에요. 대부분 철과 니켈로 이루어진 고체 상태의 금속이에요.

골디락스 궤도

지구에는 '물의 행성'이라는 별명이 있어요. 태양계에서 표면에 물이 출렁거리는 유일한 행성이거든요. 이는 생명체가 살기 좋은 곳이라는 뜻이기도 해요. 천문학자들은 이런 지구가 태양계에서 자리하는 위치를 '골디락스 궤도'라고 불러요. 〈골디락스와 곰 세 마리〉라는 영국 동화에서 유래한 이름인데, 여기서 아기 곰이 '너무 뜨겁지도 차갑지도 않고 딱 적당한' 수프를 맛있게 먹었거든요. 지구의 온도도 이것처럼 딱 적당해요. 물이 다 얼어 버리지도, 펄펄 끓지도 않을 만큼요.

수성 - 너무 뜨거움
금성 - 너무 뜨거움
지구 - 딱 적당함
화성 - 너무 차가움

지구의 궤도는 물이 강, 호수, 바다, 그리고 빗물로 있을 수 있게 '딱 적당'해요.

THE ISS
국제 우주 정거장

국제 우주 정거장은 우주에 있는 집이에요. 지구 표면에서 400킬로미터 높이의 궤도를 도는데, 늘 우주 비행사가 타고 있어요. 이 정거장은 16개 나라가 함께 관리하고, 전 세계에서 우주 비행사들이 와요. 처음 정거장을 만들기 시작한 건 1998년이에요. 지상의 건물처럼 한 번에 뚝딱 지은 건 아니랍니다. 기능별로 부품들을 모아 로켓에 태워서 발사해 조립하는 식으로 만들지요. 이런 부품들의 묶음을 '모듈'이라고 불러요. 지금도 새로운 기능을 가진 모듈을 지구에서 발사해 국제 우주 정거장에 추가하고, 또 낡은 모듈은 분리해서 버리기도 한답니다. 국제 우주 정거장은 축구장 하나를 가득 채울 만큼 커요.

- **크기:** 길이 72m, 너비 108m
- **무게:** 402톤
- **선원:** 3명, 최대 6명
- **하루에 궤도를 도는 횟수:** 15
- **고도:** 약 400km
- **비용:** 하루에 750만 달러

궤도

지구   국제 우주 정거장

우주 비행사들이 정거장에 들어갈 때 3인용 우주선을 이용해요. 이 우주선은 '에어록'이라는 모듈에 연결되지요. 지구로 돌아올 때도 같은 우주선을 탄답니다.

국제 우주 정거장에서의 생활

국제 우주 정거장에 도착한 우주 비행사들은 그곳에서 6개월을 보낸 뒤 지구로 돌아와요. 그동안 정거장에 있는 세 개의 실험실에서 과학 실험을 하고, 우주 농사법 연구도 하고, 맛있는 채소를 직접 키워서 먹기도 하지요. 여기서는 채소에 주고 씻는 데 사용한 물을 화장실과 욕실에서 재활용한답니다!

국제 우주 정거장은 태양광 패널로 에너지를 공급받아요. 매일 지구에 사는 125가구가 사용할 수 있는 양의 전기를 만들어 낸답니다.

궤도

국제 우주 정거장은 지구를 한 바퀴 도는 데 93분밖에 안 걸려요. 여객기보다 30배나 빠른 속도랍니다. 한 바퀴를 돌 때마다 밝은 낮과 어두운 밤이 45분씩 돌아가며 지속되지요. 국제 우주 정거장은 지구에서 약 400킬로미터 높이에 있는데, 여기에도 아주 적은 양이지만 공기가 있어요. 이 공기가 정거장과 마찰을 일으키면 정거장의 속도가 줄어들고, 그대로 두면 지구로 조금씩 떨어지게 돼요. 그래서 정거장에 있는 우주 비행사들이 몇 달에 한 번씩 정거장의 로켓 엔진에 불을 붙여 궤도를 바로잡아요.

밝은 낮이 45분 동안 지속되어요.

어두운 밤이 45분 동안 지속되어요.

정거장 바깥쪽의 온도는 태양 빛을 가장 많이 받을 때는 오븐만큼 뜨겁지만, 밤에는 -150℃까지 떨어져요. 지구에 있는 어떤 곳보다도 추운 거예요. 남극보다도요!

11

THE MOON
달

달에는 '크레이터'라고 부르는 수천 개의 구덩이가 있어요. 또 어둡고 평평한 암석 지역인 '달의 바다'도 있지요. 그런데 지구에서는 달의 뒷면을 볼 수 없어요. 달의 공전 주기와 자전 주기가 약 28일로 같기 때문이에요. 우리는 항상 달의 한쪽 면만 보는 거랍니다!

- **크기**: 지름 약 3,475km(지구의 0.25배)
- **무게**: 지구의 0.01
- **지구에서의 거리**: 384,399km(지구 지름의 30배)
- **대기**: 없음

크기 비교

달 / 지구

밀물과 썰물

달이 지구 주변을 도는 이유는 지구의 중력이 달을 끌어당기기 때문이에요. 그런데 중력은 두 물체 사이에 서로 작용하기 때문에, 달도 지구를 끌어당겨요. 그래서 달과 가까운 쪽의 바닷물이 솟아오르지요. 육지 근처의 바닷물이 솟아올라 바닷물의 표면(해수면)이 높아지는 현상을 '밀물'이라고 불러요. 거꾸로 먼바다의 바닷물이 끌려가서 바닷가의 해수면이 낮아지는 현상은 '썰물'이라고 부르지요.

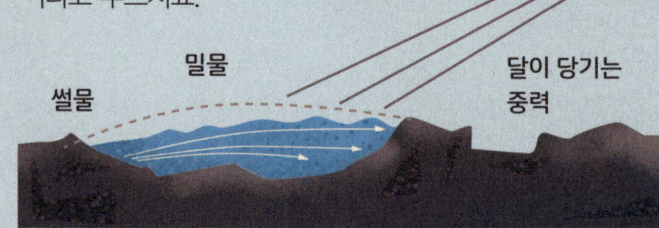

달의 중력이 끌어당기는 힘이 밀물과 썰물을 만들어요.

1969년 7월 20일, 미국의 우주 비행사 닐 암스트롱과 버즈 올드린이 인류 최초로 달 위를 걸었어요!

달을 탐사하러 떠난 우주 비행사들은 지구를 바라보는 쪽의 표면에 착륙했어요. 그곳에서 지구의 모습을 볼 수 있었지요. 만일 비행사들이 달의 반대편에 착륙했다면 지구를 볼 수는 없었을 거예요. 하지만 달의 반대편에 가 본 사람은 아직까지 없답니다!

달 관찰

만약 아래 그림처럼 지구의 한쪽 편에 달이, 반대편에 태양이 있다면 태양 빛이 달의 한쪽 표면 전체를 비출 거예요. 이때 지구에서는 보름달을 볼 수 있어요. 달이 지구 주위를 돌 때 태양이 달의 다른 부분을 비추면 지구에서 보는 달의 모양이 달라져요. 태양과 달이 지구에서 같은 방향에 있으면 햇빛이 지구에서 볼 수 없는 달의 반대쪽을 비추어요. 이때는 달이 전혀 보이지 않거나 아주 작은 부분만 보여요.

지구에서 보는 달의 모양

반달　　　　　태양
현망간의 달　　　초승달
보름달　　지구　　그믐달

과학자들은 달에서 가져온 암석 조각을 연구했어요. 그 암석에는 지구의 맨틀에 있는 성분과 같은 성분이 있었어요. 이 사실은 달이 지구에서 떨어져 나간 조각들로 만들어졌다는 주장을 뒷받침해 준답니다.

THE SUN
태양

태양은 지구에서 가장 가까운 별이에요. 우리가 보는 모든 빛과 열은 태양에서 나오지요. 우리가 태양계의 다른 행성과 달을 볼 수 있는 것도 모두 태양에서 나와 반사된 빛 덕분이에요. 태양은 플라스마로 이루어진 거대한 공이에요. '플라스마'란 전하를 띤 엄청나게 뜨거운 기체를 말해요. 이 공은 최대한 작아지려고 하는 성질이 있어서, 기체가 중심으로 모여요. 이 기체는 원자라고 하는 아주 작은 입자로 이루어져 있는데, 이 원자들이 태양의 중심에서 아주 강하게 압축되어 두 개의 작은 원자가 하나의 큰 원자로 합쳐져요. 이를 '핵융합'이라고 불러요. 그 과정에서 열과 빛이 나오지요. 이 에너지가 태양의 중심에서 표면까지 나오는 데는 약 10만 년이 걸려요. 그리고 일단 표면으로 나온 에너지는 우주 공간으로 퍼져 나가지요. 태양에서 나온 에너지가 가장 가까운 행성인 수성까지 가는 데는 3분이 걸려요.

- **크기:** 지름 1,391,400km (지구의 109배)
- **무게:** 2×10^{27}t
- **거리:** 지구에서 149,000,000km
- **표면 온도:** 5,500℃
- **나이:** 45억 년

크기 비교

태양 / 지구

뜨겁고, 뜨겁고, 더 뜨거워요

태양에서 가장 차가운 대기층인 '채층'의 온도는 4300℃ 정도예요. 태양의 핵은 1500만℃에 달하고요. 엄청나게 뜨겁지요? 그런데 태양에서 가장 뜨거운 곳은 사실 가장 바깥쪽에 있답니다. 바로 태양을 둘러싸고 있는 대기인 '코로나'예요. 코로나의 온도는 2000만℃까지도 올라갈 수 있어요!

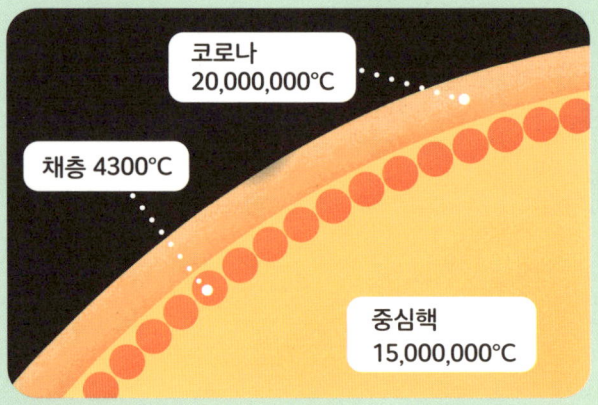

- 코로나 20,000,000℃
- 채층 4300℃
- 중심핵 15,000,000℃

태양에서 나온 빛과 열이 지구에 도착하는 데는 약 8분이 걸려요. 태양이 갑자기 꺼진다고 해도 우리는 8분 동안은 그 사실을 모를 거예요. (하지만 그럴 일은 없을 테니 걱정 마세요!)

빛

코로나

채층

광구

흑점

태양은 흑점이라고 하는 어두운 점으로 덮여 있어요.
이 점들은 표면의 다른 곳보다 더 차가워요.
그래도 3500℃나 되니 엄청 뜨거운 거지요! 태양 흑점은
태양이 자전하면서 자기장이 꼬이고 엉킬 때 나타나요.
지구의 기온이나 기후에 영향을 주는 태양 흑점의 개수는
몇 년 주기로 증가했다가 줄어들기를 반복해요.

태양풍

태양이 빛과 열만 방출하는 것은 아니에요. 태양은 전기를 띤 원자들도 방출하는데, 이것은 우주로 날아가 '태양풍'을 만들어요. 태양풍이 지구를 직접 때린다면 큰 문제가 생길 거예요. 다행히 지구의 자기장이 방패 역할을 해 대부분의 태양풍을 막아 준답니다. 하지만 일부 태양풍은 자기장을 뚫고 들어와 북극과 남극 근처에서 공기와 충돌해요. 이때 북극과 남극 근처의 공기가 밝고 아름다운 색으로 빛나는데, 이것을 '오로라'라고 해요.

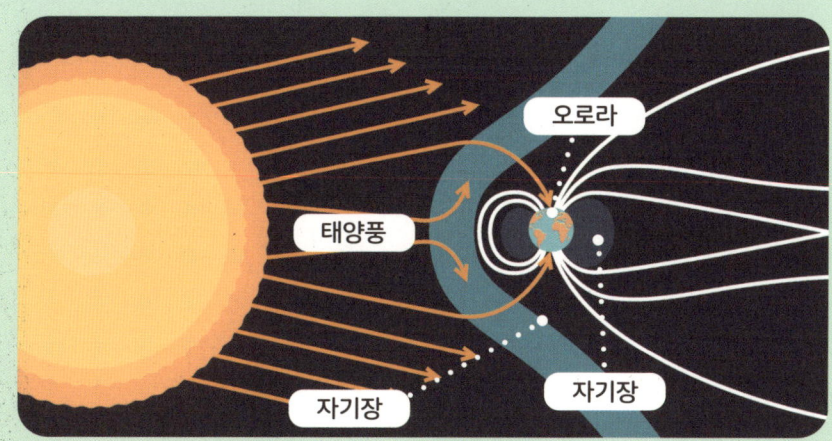

태양풍은 북극과 남극에 오로라를 만들어요.

태양은 25일에 한 번씩 자전해요.

태양은 1초에 400만 톤씩 가벼워져요. 플라스마가 순수한 에너지로 바뀌기 때문이에요.

MERCURY

수성

태양에서 가장 가까운 행성은 수성이에요. 지구, 금성, 화성 같은 행성처럼 암석과 금속으로 이루어져 있지요. 수성은 지구보다 태양에 더 가깝기 때문에 우리 지구보다 훨씬 뜨겁고 혹독한 곳이에요.

하늘에서 수성을 보기는 어려워요. 수성은 대부분의 시간 동안 태양 가까운 곳에서 태양 빛에 숨겨져 있거든요. 1년 중에 겨우 며칠 태양이 뜨거나 질 때 몇 분 동안만 이 작은 행성을 볼 수 있어요.

- **크기**: 지름 4,878km(지구의 약 0.4배)
- **무게**: 지구의 0.06배
- **하루**: 지구의 176일
- **1년**: 지구의 88일
- **태양에서의 거리**: 0.4AU
- **표면 온도**: -170~420℃
- **대기**: 없음
- **위성**: 0개

크기 비교

수성은 화산 활동이나 운석이 충돌해서 만들어진 수많은 크레이터로 덮여 있어요.

에미네스쿠 크레이터 ········•

칼로리스 분지

수성에서 가장 큰 크레이터인 '칼로리스 분지'는 지름이 약 1550킬로미터나 돼요. 이 크레이터는 약 39억 년 전 소행성이 수성에 충돌해서 만들어졌어요. 이 충돌에서 나온 힘은 수성을 통과하는 충격파를 만들어 반대쪽에 있는 암석을 쪼개 버릴 정도였답니다!

2008년에 '메신저' 우주선이 찍은 사진이에요. 수성 표면의 물질을 색으로 표현했지요. 주황색으로 표현된 부분이 칼로리스 분지예요!

샌더 크레이터
뭉크 크레이터
포 크레이터

수성의 크레이터에는 예술가와 작가의 이름이 붙어 있어요. 위의 세 크레이터는 화가 에드바르 뭉크, 사진가 아우구스트 잔더, 작가 에드거 앨런 포를 기념한답니다.

바쇼 크레이터

네루다 크레이터

재빠른 행성

수성의 영어 이름인 '머큐리(mercury)'는 로마 신화에 등장하는 신의 이름이에요. 빠르게 돌아다니며 소식을 전하는 신이지요. 수성도 이 신처럼 빠르게 태양 주위를 돌아요. 지구 시간으로 88일 만에 한 바퀴를 돈답니다. 만약 수성만큼 빠른 로켓이 지구에 있다면 대서양을 1분 만에 가로지를 만큼 빠른 속도예요! 하지만 수성의 자전 속도는 지구보다 많이 느려요. 한 바퀴를 도는 데 우리 시간으로 58일이 걸리지요. 만일 여러분이 수성에 있다면, 태양이 뜨고 졌다가 다시 뜨는 데 176일이 걸릴 거예요!

머큐리는 빠르기로 유명한 로마의 신이에요. 마치 자신의 이름을 딴 행성처럼요.

어떤 크레이터들은 바퀏살처럼 생긴 선들로 둘러싸여 있어요. 운석이 암석을 부술 때 생긴 먼지가 여러 방향으로 날려 만들어진 선이랍니다.

VENUS
금성

100년 전에는 많은 사람이 금성에 금성인이 살 거라고 믿었어요. 그들은 금성을 천국이라고 생각했지요!

최근까지도 금성에 대해서는 알려진 바가 많지 않아요. 망원경으로 보면 금성은 연한 노란색 구름으로 덮여 있거든요. 이 구름이 햇빛을 반사해 금성을 밤하늘에서 가장 밝은 천체로 만들어요. 금성은 해 뜨기 바로 전이나 해가 진 직후에 보여서 '샛별'이라고도 불려요. 스스로 빛을 내는 별이 아니라 행성인데도 말이에요!

- **크기**: 지름 12,103km(지구의 0.95배)
- **무게**: 지구의 0.8배
- **하루**: 지구의 243일
- **1년**: 지구의 224일
- **태양에서의 거리**: 0.7AU
- **표면 온도**: 460℃
- **대기**: 이산화탄소, 질소
- **위성**: 0개

크기 비교

미지의 세계로

1965년 러시아의 천문학자들은 금성의 모습을 알아내기 위해 무인 우주 탐사선 '베네라 3호'를 금성으로 보냈어요. 그런데 베네라 3호는 금성의 구름 속으로 들어간 뒤 영원히 연결이 끊어졌어요. 러시아 사람들은 계속 탐사선을 보냈어요. 몇 대는 금성의 표면에 도착했지만 곧바로 부서졌지요. 그러다가 1975년에야 '베네라 9호'가 금성의 암석 표면 사진을 보내왔어요. 그 후 1990년부터 1994년까지 금성 궤도를 돌았던 나사(NASA)의 탐사선 '마젤란'이 금성 표면에 반사된 전파로 그림을 그리는 레이더를 이용해 금성의 지도를 만들었어요.

1981년에 발사된 베네라 13호. 뜨거운 금성의 표면에서도 부서지지 않을 만큼 튼튼하게 만들어졌어요.

'사파스 몬스'는 너비가 400킬로미터나 되는 화산이에요. 지구의 화산처럼 아주 뜨거운 용암이 솟구쳐 흘러내려 암석으로 굳어서 경사면이 만들어졌어요.

사파스 몬스에는 두 개의 분화구가 있어요. 마젤란 탐사선이 이들의 모습을 알아냈지요.

금성의 '알파 레지오' 지역에는 여섯 개의 화산이 있어요. 그 가운데 가장 큰 것은 높이가 8킬로미터가 넘는 '마트 몬스'예요.

천국이 아니에요!

베네라 9호는 금성이 태양계에서 가장 뜨거운 행성이라는 사실을 알아냈어요. 두껍고 무거운 대기가 태양의 열을 가두어 금성을 오븐보다 뜨겁게 만들어요! 금성에 내리는 비는 순수한 산성이에요.

두꺼운 산성 구름

산성 안개와 먼지

금성의 대기는 온도가 매우 높고 산성을 띠어서 사람에게 치명적이에요.

MARS

화성

고대에 살던 사람들은 이 행성에 로마 신화에 등장하는 전쟁의 신 '마르스(Mars)'의 이름을 붙였어요. 화성은 태양계에서 지구와 비슷한 점이 가장 많은 행성이지만, 건조하고 추워서 생명체가 살기는 어려워요.

화성은 지구에서 보기에 붉은색을 띠어요. 암석 표면에 녹이 슬어서 붉은색으로 변한 철이 많기 때문이에요. 화성의 양쪽 극지방은 온도가 낮아서 고체 상태의 물과 이산화탄소로 덮여 있어요. 많은 천문학자들이 오래전에는 화성이 더 따뜻해서 바다로 덮여 있었을 거라고 생각해요.

- **크기**: 지름 6,792km(지구의 0.5배)
- **무게**: 지구의 0.1배
- **하루**: 지구의 24.5시간
- **1년**: 지구의 687일
- **태양에서의 거리**: 1.5AU
- **표면 온도**: -125~20℃
- **대기**: 이산화탄소
- **위성**: 2개

크기 비교

화성 / 지구

가장 큰 화산

화성에는 태양계에서 가장 큰 화산이 있어요(가장 큰 산이기도 해요). 바로 높이가 27킬로미터나 되는 올림푸스 몬스예요. 지구에서 가장 높은 에베레스트산보다 세 배나 높은 셈이지요. 이 화산이 마지막으로 분출한 건 약 2500만 년 전이에요.

1976년 화성 착륙선 '바이킹 1호'가 찍은 올림푸스 몬스의 사진이에요.

화성에 생명체가 살았던 적이 있을까요? 만약 그렇다면 암석에 화학 물질이 남아 있을 거예요. 화성 탐사 차량 '큐리아서티'는 암석에서 떨어져 나온 먼지를 모으기 위한 드릴과 솔, 그리고 암석을 부수어 실험을 하기 위한 레이저를 장착하고 있어요.

화성의 위성

화성에는 '포보스'와 '데이모스'라는 두 개의 작은 위성이 있어요. 이들은 지구의 달과는 많이 달라요. 크기가 지구의 도시 하나 정도밖에 되지 않아서, 크레이터로 덮인 거대한 바위처럼 보이지요. 천문학자들은 이 위성들이 한때 소행성이었는데 화성에 가까이 왔다가 화성의 중력에 잡혀 위성이 되어 궤도를 돌고 있다고 생각해요. 위성들의 이름은 고대 그리스 신화에 나오는 전쟁의 신 '아레스'의 두 아이 이름을 딴 거예요. 각각 '공포'와 '두려움'이라는 뜻이랍니다.

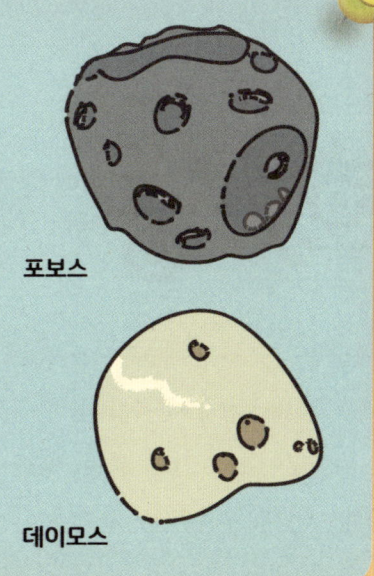

포보스

데이모스

큐리아서티

나사(NASA)에서 보낸 이 탐사 차량은 2012년부터 화성 곳곳을 돌아다니고 있어요. 큐리아서티의 가장 중요한 임무는 물과 생명체의 흔적을 찾는 거예요. 지금까지는 화성에서 생명체를 발견하지 못했지만, 천문학자들은 과거에 화성에 생명체가 살았을 거라고 추측하고 연구를 계속하고 있어요.

큐리아서티는 지구에서 전파로 명령을 받아요. 하지만 암석이나 구덩이를 피해 가는 일 정도는 스스로 할 수 있답니다!

THE ASTEROID BELT

소행성대

화성의 궤도와 목성의 궤도 사이에는 아주 많은 암석이 모여 고리 모양을 이룬 지역이 있어요. 그곳을 '소행성대'라고 불러요. 그곳에 있는 소행성은 자동차만 한 것부터 국가 하나가 들어갈 만큼 큰 것까지 다양해요. 개수도 수백만 개가 넘는데, 그 가운데 천문학자들이 발견해서 번호를 붙인 것만 60만 개 이상이에요.

소행성에는 지구에는 아주 적은 양만 존재하는 희귀한 금속이 있어요. 배터리를 만들거나 스마트폰과 컴퓨터에 들어가는 마이크로칩을 만드는 데 쓰일 수 있는 광물이지요. 그래서 여러 회사가 이를 지구로 가져올 방법이 있을지 연구한답니다.

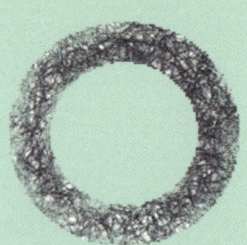

- **가장 큰 소행성**: 세레스(지름 950km)
- **소행성대에 있는 모든 암석의 무게**: 달의 0.04배
- **태양에서의 평균 거리**: 2.2~3.2AU
- **평균 공전 속도**: 초속 25km
- **위성**: 143개의 소행성이 자신의 위성을 가지고 있음

위치

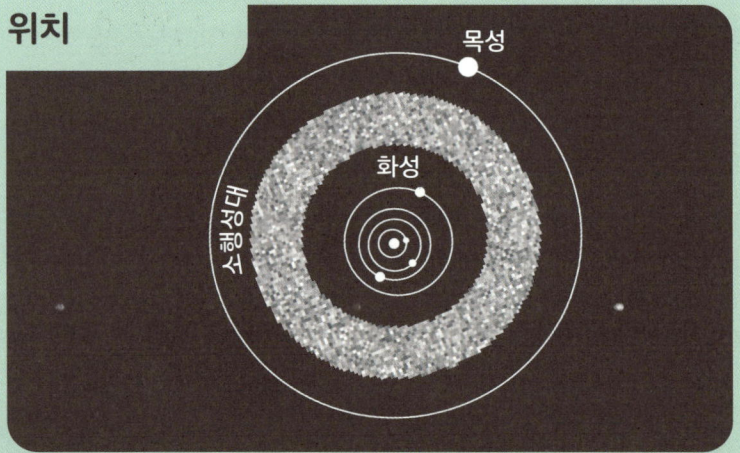

지구에 위험해요

'주 소행성대'의 궤도 밖을 도는 소행성도 있어요. 수천 개가 넘는 이 소행성 가운데 일부는 지구에 가까이 오기도 해요. 소행성들의 궤도는 단순하지 않아요. 다른 행성의 중력이 소행성의 경로를 바꾸어 우주 공간을 떠돌아다니게 할 수 있기 때문이에요. 천문학자들은 지구와 충돌할 수도 있는 '지구 근접 소행성'들을 감시하고 있어요. 만약 지구와 충돌할 가능성이 있는 소행성이 발견되면, 과학자들이 그 소행성의 경로를 바꾸기 위해 우주선을 보낼 거예요.

2013년에 작은 '지구 근접 소행성' 하나가 러시아 첼랴빈스크 상공의 대기로 들어왔어요.

히기에이아

인류가 처음 발견한 소행성은 1801년에 이탈리아 천문학자 주세페 피아치가 발견한 '세레스'예요. 세레스는 지금까지 발견한 소행성 가운데 가장 커요. 지구로 내려오면 스페인을 모두 덮을 만한 크기지요.
다른 소행성들보다 훨씬 크기 때문에 천문학자들은 세레스를 '왜소 행성'으로 분류해요(왜소 행성에 대한 자세한 이야기는 32쪽을 참고하세요). 아래 그림에 보이는 세레스, 베스타, 팔라스, 히기에이아는 소행성대에서 가장 큰 네 소행성의 이름이에요. 이 넷이 소행성대 전체 무게의 약 절반을 차지하지요.

세레스

팔라스

베스타

소행성 착륙선

2001년 우주 탐사선 '니어 슈메이커'가 '에로스'라는 지구 근접 소행성에 착륙했어요. 에로스는 길이는 16킬로미터 정도이며 모양은 땅콩과 비슷했어요. 이 모양 때문에 에로스의 중력은 물체를 자신의 중심 쪽으로 당기지 않고, 더 크고 무거운 양 끝 방향으로 당겨요. 그러니까 에로스의 어떤 곳에서는 물체가 위로 떨어진다는 말이에요!

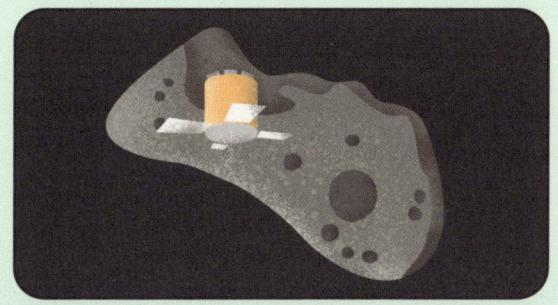

에로스는 인류가 보낸 탐사선이 처음으로 착륙한 소행성이에요.

JUPITER
목성

목성은 태양계의 여덟 행성 가운데 가장 크고 무거워요. 과학자들은 목성을 '거대 기체 행성'으로 분류해요. 목성의 대부분이 두껍고 뿌연 기체와 액체로 이루어졌기 때문이에요.

태양은 45억 년 전에 형성되었으며, 먼지와 기체로 둘러싸여 있었어요. 그때 더 무거운 먼지는 태양에 가까운 곳으로 끌려가 '암석 행성'을 만들었어요. 바로 수성, 금성, 지구, 화성이에요. 그리고 기체는 태양에서 멀어져 바깥쪽의 '거대 기체 행성'이 되었어요. 목성, 토성, 천왕성, 해왕성이지요.

- **크기:** 지름 142,984km(지구의 11배)
- **무게:** 지구의 318배
- **하루:** 지구의 10시간
- **1년:** 지구의 12년
- **태양에서의 거리:** 5AU
- **표면 온도:** -148℃
- **대기:** 수소, 헬륨, 메탄
- **위성:** 95개 이상
- **고리:** 4개

크기 비교

지구 목성

목성으로 간 주노

나사(NASA)의 우주 탐사선 '주노'는 2011년에 발사되어 2016년에 목성의 궤도에 진입했어요. 주노의 임무는 목성의 핵이 어떤 모습인지를 알아내고, 목성의 대기와 최대 시속 618킬로미터에 이르는 바람을 연구하는 것이에요.

2017년 주노가 찍은 목성 남극 근처의 폭풍

목성은 수소와 헬륨으로 이루어진 액체층과 기체층으로 둘러싸여 있어요. 그 안에는 암석과 얼음으로 이루어진 핵이 있어요.

1610년에 갈릴레이가 발견한 목성의 네 위성 가운데 두 번째로 큰 칼리스토예요. 칼리스토에는 크레이터가 많아요. 태양계에 있는 비슷한 크기의 천체들 가운데 크레이터가 가장 많답니다.

목성의 위성 가운데 가장 크고 밝은 가니메데예요. 태양계에서 가장 큰 위성이기도 해요.

세 번째로 큰 위성인 이오는 태양계에서 화산 활동이 가장 활발한 곳이에요.

네 번째로 큰 위성인 유로파는 얼음으로 덮인 바다를 가지고 있어요. 이 바다에 혹시 생명체가 살고 있을까요?

목성의 구름은 거대한 폭풍들과 뒤얽혀 있어요. 목성에서 가장 큰 폭풍을 '대적반'이라고 불러요. '적갈색 소용돌이'인 대적반은 타원이며, 지구보다 훨씬 커요. 대적반은 처음 발견한 1665년부터 지금까지 멈추지 않고 몰아치고 있어요.

SATURN

토성

토성은 태양계에서 두 번째로 큰 행성이에요. 토성도 목성처럼 '거대 기체 행성'이지요. 태양계의 거대 행성들은 모두 고리를 가지고 있는데, 그 가운데 토성의 고리가 가장 크고 선명해요.

토성도 다른 거대 행성들처럼 우주에서 가장 가벼운 물질인 수소와 헬륨으로 이루어져 있는데, 거대 행성들 가운데서도 밀도가 가장 낮아요. 토성을 커다란 물그릇에 넣으면 둥둥 뜰 거예요!

- **크기:** 지름 120,536km (지구의 9.5배)
- **무게:** 지구의 95배
- **하루:** 지구의 10.5시간
- **1년:** 지구의 29년
- **태양에서의 거리:** 9.5AU
- **표면 온도:** -140℃
- **대기:** 수소, 헬륨, 메탄
- **위성:** 83개 이상
- **고리:** 너비 약 70,000km

크기 비교

지구 / 토성

토성의 고리는 가깝게는 토성에서 7000킬로미터부터 시작해 멀게는 8만 킬로미터까지 아주 넓게 펼쳐져 있어요. 하지만 두께는 10미터 정도밖에 안 되지요. 고리는 대부분 얼음 조각으로 이루어져 있는데, 작은 알갱이 크기부터 큰 것은 집채만 하기도 하답니다.

타이탄

탐사선 카시니가 찍은 사진이에요. 토성의 고리와 작은 위성 에피메테우스, 그리고 뒤에 있는 거대한 타이탄의 모습이 잘 보이나요?

타이탄은 토성의 위성 가운데 가장 커요. 목성의 위성인 가니메데처럼 수성보다도 크답니다. 타이탄은 태양계에서 주황색 구름을 만드는 두꺼운 대기를 가진 유일한 위성이에요. 2004년 우주 탐사선 '카시니'가 '하위헌스'라는 착륙선을 타이탄으로 내려보냈어요. 하위헌스는 타이탄이 호수와 강 같은 액체로 덮여 있다는 사실을 발견했어요. 그런데 그 액체는 물이 아니라 대부분 메탄이었어요!

토성은 완전한 공 모양이 아니에요. 남극과 북극 쪽은 평평하고, 적도 쪽은 불룩 튀어나와 있어요.

카시니의 임무

카시니는 13년 동안 토성을 조사했어요. '카시니'라는 이름은 이탈리아 출신의 프랑스 천문학자 조반니 카시니의 이름을 딴 거예요. 카시니는 1675년에 토성의 고리가 한 개가 아니라 여러 개로 나뉘어 있고, 고리들 사이에 틈새가 있다는 사실을 처음 밝혀낸 인물이에요. 탐사선 카시니는 2017년에 마지막 임무를 수행하기 위해 토성의 대기로 뛰어들었어요. 그리고 고장 나서 부서지기 전에, 구름의 화학 성분에 대한 정보를 지구로 보내 주었답니다.

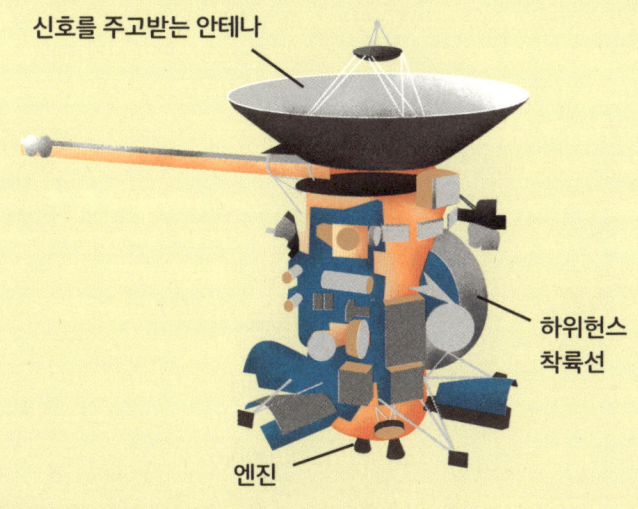

신호를 주고받는 안테나
하위헌스 착륙선
엔진

카시니는 2004년 토성의 궤도로 들어갔어요.

URANUS
천왕성

천왕성은 밤하늘에서 망원경 없이도 볼 수 있지만, 너무 어두워서 알아보기는 쉽지 않아요. 그래서 사람들은 1781년까지 천왕성이 행성이 아닌 별이라고 생각했어요.

천왕성은 '거대 얼음 행성'이에요. 태양계의 마지막 행성인 해왕성도 마찬가지고요. 두 행성은 태양에서 너무 멀리 떨어져 있어서 엄청 추워요. 그래서 목성, 토성과 비슷한 물질로 이루어져 있지만 거대한 기체 공 모습이 아닌, 아주 차가운 액체와 기체로 이루어진 얼음 공 형태를 띠어요.

- **크기**: 지름 51,118km(지구의 4배)
- **무게**: 지구의 15배
- **하루**: 지구의 17시간 14분
- **1년**: 지구의 84년
- **태양에서의 거리**: 19AU
- **표면 온도**: -200℃
- **대기**: 수소, 헬륨, 메탄
- **위성**: 27개 이상
- **고리**: 거대한 고리

크기 비교

지구 / 천왕성

거대한 고리

우주 탐사선 '보이저 2호'가 1986년에 천왕성 근처를 스쳐 지나갔어요. 그전까지 우리는 천왕성에 대해서 아는 것이 별로 없었어요. 그런데 보이저 2호가 천왕성의 거대한 고리를 보여 줬어요. 가장 바깥쪽에 있는 13번 고리는 천왕성에서 9만 8000킬로미터까지 뻗어 있었지요. 고리는 대부분 때 묻은 얼음으로 이루어져 있었어요.

허블 우주 망원경이 찍은 천왕성 사진이에요. 천왕성의 고리와 위성들이 보이나요?

천왕성의 대기에서는 흰색 구름을 볼 수 있어요.

이건 행성이야!

천왕성은 인류가 망원경으로 발견한 최초의 행성이에요. 1781년에 독일 출신의 영국 천문학자 윌리엄 허셜이 발견했지요. 허셜은 자신이 만든 대형 반사 망원경으로 저 멀리 떨어진 '별'이 사실은 태양의 주위를 도는 행성이라는 사실을 알아냈어요.

음악가이기도 했던 허셜은 천왕성을 발견하고 유명해졌어요.

데굴데굴 천왕성

천왕성은 지구처럼 팽이 모양으로 돌지 않고, 바퀴가 구르듯이 세로로 자전해요. 이는 천왕성의 양쪽 극이 옆쪽을 향하기 때문이에요. 천문학자들은 수십억 년 전 천왕성이 다른 행성과 충돌해서 자전축이 뒤틀렸을 거라고 예상해요.

두꺼운 대기 아래에는 '슬러시' 음료처럼 떠다니는 얼음 조각의 층이 있어요.

천문학자들은 천왕성의 핵이 암석과 금속으로 이루어졌을 것이라고 생각해요.

NEPTUNE

해왕성

해왕성은 짙은 푸른색을 띠어요. 마치 물로 덮인 것처럼요. 그래서 해왕성을 처음 발견한 사람들은 로마 신화에 나오는 바다의 신 '넵튠(Neptune)'의 이름을 붙였어요. 사실 해왕성은 대부분 슬러시 음료 같은 얼음 조각으로 이루어진 거대 얼음 행성이에요. 과학자들은 해왕성도 천왕성처럼 암석으로 이루어진 핵을 가지고 있을 거라고 생각해요.

해왕성의 날씨는 태양계에서 가장 거칠어요. 해왕성에서는 바람이 무려 시속 2000킬로미터로 불어요. 지구의 허리케인보다 20배나 빠른 속도예요. 또 '스쿠터'라고 불리는 흰색 구름들이 해왕성을 휘감고 있어요.

- 크기: 지름 49,528km(지구의 3.8배)
- 무게: 지구의 17배
- 하루: 지구의 16시간
- 1년: 지구의 165년
- 태양에서의 거리: 30AU
- 표면 온도: -200℃
- 대기: 수소, 헬륨, 메탄
- 위성: 14개 이상
- 고리: 5개 이상

크기 비교

지구 / 해왕성

왜 흔들리지?

아직 해왕성이 발견되기 전, 천왕성을 먼저 발견한 천문학자들은 천왕성의 공전 궤도가 조금 흔들린다는 사실을 밝혀냈어요. 그래서 천왕성보다 더 멀리 있는 다른 행성이 천왕성을 끌어당기고 있는 게 아닐까 생각했어요. 마침내 1846년, 독일의 천문학자 요한 갈레가 해왕성을 발견했답니다.

대흑반

탐사선 '보이저 2호'는 1989년 해왕성 옆을 지나가다가 약 1만 3000킬로미터 크기의 폭풍 사진을 찍었어요. 천문학자들은 이 폭풍에 '커다란 검은 점'이라는 뜻의 '대흑반'이란 이름을 붙였어요. 그로부터 5년 후, 허블 우주 망원경이 해왕성의 사진을 찍었을 때 그 폭풍은 사라지고 새로운 거대한 폭풍이 나타나 있었어요.

보이저 2호가 해왕성에서 800만 킬로미터 떨어진 곳에서 찍은 사진이에요. 중심 부분에 대흑반이 보이나요?

해왕성의 구름은 지구의 구름과 비슷해 보이지만, 물이 아니라 메탄 얼음 결정으로 이루어졌답니다.

해왕성은 최소 다섯 개의 고리를 가졌어요. 고리들은 먼지가 포함된 어두운 얼음 덩어리들로 이루어져 있어요.

트리톤, 그 방향이 아니야!

해왕성에서 가장 큰 위성은 '트리톤'이에요. 그런데 트리톤은 해왕성과 반대 방향으로 자전해요. 이런 위성은 태양계에서는 트리톤이 유일하답니다! 천문학자들은 트리톤이 태양계 밖에서 다가와 해왕성의 중력에 잡혀 위성이 되어서 그런 것이라고 생각해요.

트리톤의 자전 방향과 공전 방향은 해왕성의 자전 방향과 반대예요.

PLUTO
명왕성

명왕성은 1930년에 미국의 천문학자 클라이드 톰보가 발견했어요. 이때는 명왕성이 지구보다도 크다고 여겨졌기 때문에 태양계의 아홉 번째 행성으로 이름을 올렸어요. 사실 명왕성은 달보다도 작아요. 하지만 명왕성이 너무나 멀리 있었기 때문에 이를 알아내는 데 오랜 시간이 걸렸어요. 그리고 2006년, 명왕성은 태양계의 행성 자리를 내려놓고 왜소 행성으로 분류되었어요.

태양계의 가장 바깥쪽에서는 얼음 천체들이 무리 지어 돌고 있어요. 이를 '카이퍼 벨트'라고 불러요. 명왕성은 카이퍼 벨트에서 가장 큰 천체예요.

- **크기:** 지름 2,274km(지구의 0.18배)
- **무게:** 지구의 0.002배
- **하루:** 지구의 6일
- **1년:** 지구의 248년
- **태양에서의 거리:** 39AU
- **표면 온도:** -229℃
- **대기:** 질소, 메탄, 일산화탄소
- **위성:** 5개

크기 비교

지구 / 달 / 명왕성

왜소 행성이 무엇인가요?

'왜'는 작다는 뜻이에요. 하지만 우주에 있는 작은 천체를 모두 왜소 행성이라고 부르지는 않아요. 먼저 왜소 행성은 태양의 주위를 돌아요. 행성 주위를 도는 위성과는 다르지요. 또 왜소 행성은 자신의 중력으로 공 모양을 유지할 수 있을 만큼은 커야 해요. 하지만 태양계의 여덟 행성만큼 크지는 않아서, 자신의 공전 궤도에 있는 다른 천체들에 별다른 영향을 주지 못해요. 지금까지 천문학자들은 태양계에서 명왕성을 포함해 다섯 개의 왜소 행성을 발견했어요. 그 가운데 '세레스'는 소행성대(23페이지를 참고하세요!)에 있고, 다른 네 왜소 행성인 에리스, 하우메아, 마케마케, 명왕성은 해왕성보다 바깥쪽에 있어요. 천문학자들은 더 많은 왜소 행성을 발견하기 위해 끊임없이 연구하고 있답니다.

에리스

하우메아

마케마케

세드나

스틱스

히드라

명왕성의 영어 이름 '플루토(Pluto)'는 로마 신화에 등장하는 죽음의 신의 이름이에요.

뉴허라이즌스

2006년, 과학자들은 명왕성을 조사하기 위해 우주 탐사선 '뉴허라이즌스'를 발사했어요. 이 탐사선은 9년이 넘는 비행 끝에 명왕성의 긴 여름 기간에 맞추어 명왕성에 도착했어요(명왕성은 겨울에 너무 추워서 대기가 얼어 고체가 돼요). 탐사선은 명왕성의 표면 대부분이 얼어붙은 질소로 이루어져 있다는 사실을 알아냈어요.

뉴허라이즌스가 찍은 사진이에요. 표면에 보이는 희끄무레한 지역은 얼음이에요. 천문학자들은 이곳에 '톰보 지역'이라는 이름을 붙였어요.

명왕성

카론

닉스

케르베로스

명왕성의 위성들

가장 큰 위성은 카론이에요. 그리스 신화에서 죽은 사람을 지하 세계로 데려가는 뱃사공의 이름을 따서 지었지요. 카론은 명왕성과 아주 가까워, 서로를 흔들면서 돌아요. 명왕성의 다른 위성들의 이름도 그리스 신화에서 지하 세계에 있는 동물과 장소의 이름을 따서 지었답니다.

33

HALLY'S COMET

핼리 혜성

길다랗고 밝게 빛나는 꼬리를 달고 하늘을 가로지르는 혜성은 언제 보아도 멋지지요. 혜성의 영어 이름 '코멧(comet)'은 '긴 머리카락'을 의미하는 그리스어 '코메테스'에서 유래했어요. 태양계에는 수천 개의 혜성이 돌아다니고 있지만, 지구 가까이 오는 혜성은 100년에 몇 개뿐이에요. 그 가운데는 낮에도 보일 만큼 밝은 것도 있지요. 혜성은 스스로 빛을 내지 않는, 그저 거대한 눈덩이라는 걸 생각하면 대단한 일이죠!

가장 유명한 혜성은 영국의 천문학자 에드먼드 핼리의 이름을 붙인 '핼리 혜성'이에요. 핼리는 지구에서 1456년, 1531년, 1607년, 1682년에 발견된 혜성이 모두 같은 혜성이고, 이 혜성이 1759년에 다시 돌아올 거라고 예상했어요. 핼리의 계산이 맞았어요! 핼리 혜성은 실제로 약 76년에 한 번씩 지구 근처를 지나가요.

- **크기**: 길이 15km, 너비 8km
- **무게**: 2,200,000,000,000t
- **공전 주기**: 지구의 74~79년
- **최초 기록**: 기원전 240년
- **마지막 방문**: 1986년
- **다음 방문**: 2061년

궤도

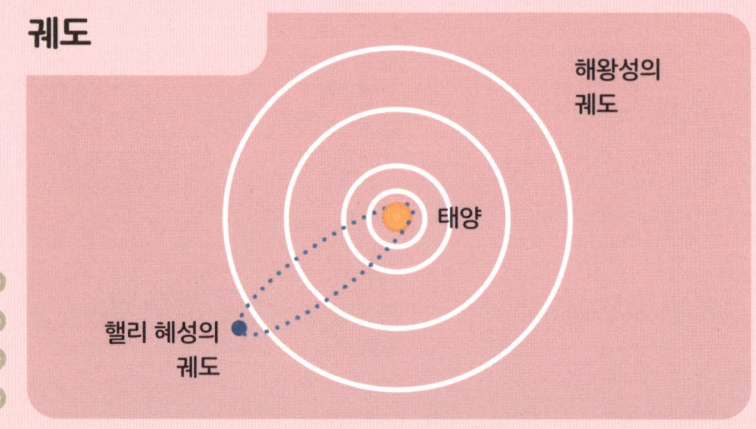

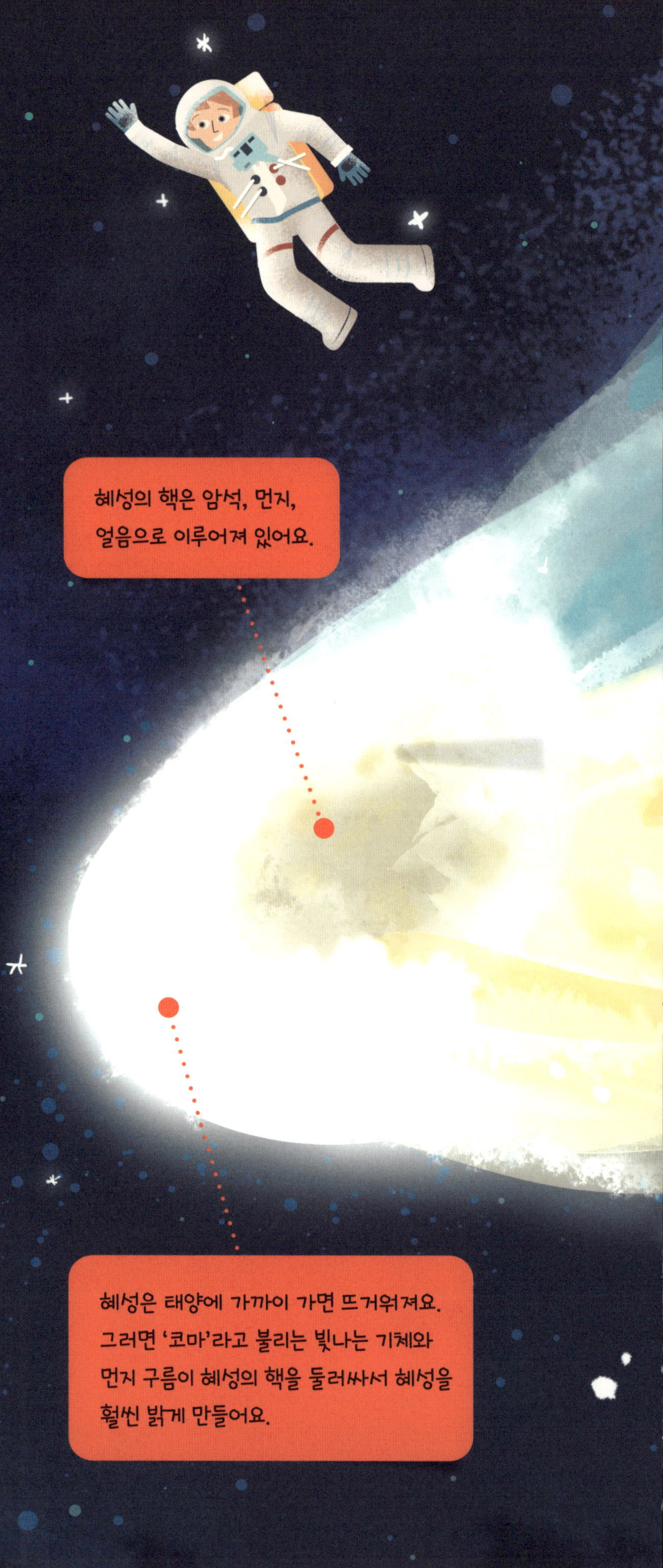

혜성의 핵은 암석, 먼지, 얼음으로 이루어져 있어요.

혜성은 태양에 가까이 가면 뜨거워져요. 그러면 '코마'라고 불리는 빛나는 기체와 먼지 구름이 혜성의 핵을 둘러싸서 혜성을 훨씬 밝게 만들어요.

혜성의 꼬리는 혜성이 태양 가까이 갈 때 태양 빛에 핵의 기체가 증발해서 만들어져요.

유성우

혜성이 지나간 자리에는 먼지들이 남아요. 지구가 이 먼지들을 통과해 지나갈 때 대기에서 먼지가 불타는데, 이때 별빛이 빗줄기처럼 떨어지는 모습을 볼 수 있어요. 이를 '유성우'라고 불러요. 이때는 하늘에서 수백 개의 빛나는 선을 볼 수 있지요.

가장 멋진 유성우로 흔히 '페르세우스 유성우'를 꼽아요. 스위프트-터틀 혜성이 남긴 먼지가 만드는 유성우예요. 해마다 8월에 볼 수 있어요.

핵에서 뿜어져 나온 먼지들은 다른 각도로 뻗어 나가며 더 밝은 꼬리를 만들어요. 지금까지 관측된 가장 긴 혜성 꼬리는 길이가 약 5억 킬로미터에 달했어요.

혜성에 착륙하기

2014년에 우주 탐사선 '로제타'가 '67P/추류모프-게라시멘코'(줄여서 '67P'라고 불러요)라는 혜성 근처에 도달했어요. 로제타는 세탁기 정도 크기의 착륙선 '필레'를 혜성 표면으로 보냈어요. 혜성에 착륙한 필레는 혜성이 무엇으로 만들어졌는지 조사했지요. 로제타는 2년 동안 67P의 주위를 돌면서 꼬리가 만들어지는 과정을 관찰했어요.

로제타가 28킬로미터 떨어진 거리에서 찍은 67P의 사진

PROXIMA CENTAURI

프록시마 센타우리

태양계 밖으로 수조 킬로미터까지는 다른 행성, 소행성, 혜성이 없어요. 빛의 속도로 여행하더라도 이 텅 빈 공간을 4년 넘게 지나야 다른 별을 만날 수 있어요. 태양계에서 가장 가까운 별의 이름은 '프록시마 센타우리'예요. 프록시마는 '가장 가까운'이라는 뜻이랍니다.

프록시마 센타우리는 '알파 센타우리'라는 항성계의 일부예요. '항성계'란 별들이 모여 서로의 주위를 도는 것을 말해요. 알파 센타우리에는 세 개의 별이 있어요. '알파 센타우리 A', '알파 센타우리 B', 그리고 '프록시마 센타우리'예요. 프록시마 센타우리는 다른 두 별보다 지구에 약 9000억 킬로미터 더 가까워요.

- **크기**: 태양의 0.15배
- **나이**: 49억 년
- **밝기**: 태양의 0.001배
- **수명**: 200억 년
- **별의 종류**: 적색 왜성
- **태양에서의 거리**: 4.2광년

크기 비교

프록시마 센타우리   태양

지구에서 본 모습

알파 센타우리 항성계는 센타우르스자리에 있어요. 지구에서 아주 밝게 보이지요. 지구에서 가장 가까워서기도 하지만, 세 별의 빛이 한데 모여 보이기 때문이기도 해요. 망원경 없이 맨눈으로 보면 세 별이 하나의 별처럼 보여요.

사진 오른쪽 아래에 노란색으로 밝게 빛나는 점이 알파 센타우리 항성계예요. '하나의' 별로 보이지요? 칠레의 '라 실라 천문대'에서 찍은 사진이랍니다.

알파 센타우리 B는 알파 센타우리 A보다 약간 더 작고, 온도가 낮아요.

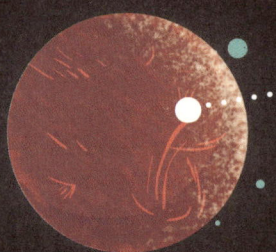

프록시마 센타우리는 세 별 가운데 가장 작고, 다른 두 별과 멀리 떨어져 있어요. 가장 멀 때는 두 별과 1만 3000AU 거리에 있답니다.

왜성들

알파 센타우리 항성계에 있는 세 별은 '왜성'이에요. 태양을 포함한 대부분의 별이 왜성이지요. 천문학자들은 별을 크게 두 종류로 나누어요. 왜성과 거성이에요.('왜'는 작다는 뜻이고, '거'는 크다는 뜻이에요). 왜성은 거성보다 작고 어둡지만, 더 오래 빛나요. 천문학자들은 별에서 나오는 빛의 색을 측정해서 그 별이 얼마나 크고 뜨거운지 알아내요. 알파 센타우리 A는 황색 왜성(우리 태양처럼 중간 정도 온도의 별), 알파 센타우리 B는 그보다 조금 더 온도가 낮은 주황색 왜성, 프록시마 센타우리는 셋 중 가장 작고 온도가 낮은 적색 왜성이에요.

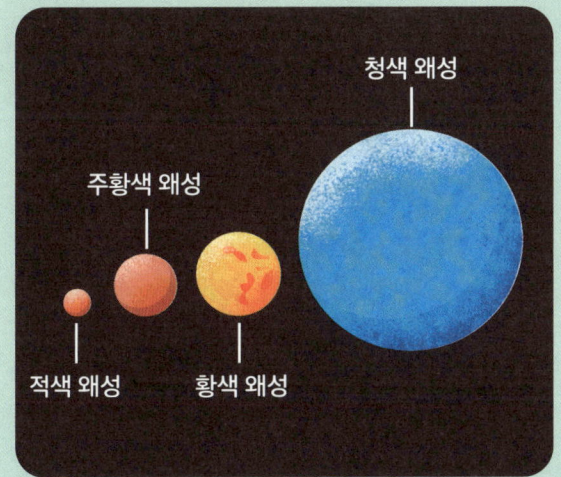

프록시마 센타우리 같은 적색 왜성은 우주에서 가장 흔한 별이에요.

알파 센타우리 A와 알파 센타우리 B는 '동반성'이에요. 서로의 주위를 돈다는 뜻이지요. 이 둘은 둘 사이에 자리한 하나의 중심을 기준으로 돌아요.

EXOPLANET PROXIMA B

외계 행성 프록시마 b

20세기 말까지만 해도 우리 태양이 자기 주위를 도는 행성을 가진 유일한 별일 거라고 생각하는 사람들이 있었어요. 지금은 천문학자들이 다른 별의 주위를 도는 행성을 수천 개나 발견했지요! 그런 행성을 '외계 행성'이라고 불러요. 천문학자들은 우주에 있는 별의 절반 이상이 최소 두 개의 행성을 가지고 있다고 생각해요. 우주에는 별보다 행성이 더 많다는 뜻이에요!

바로 앞(36~37쪽)에서 살펴본 알파 센타우리 항성계에도 행성들이 있어요. 그 가운데 하나는 지구에서 가장 가까운 별인 프록시마 센타우리 주위를 도는 외계 행성 '프록시마 센타우리 b'(줄여서 '프록시마 b'라고 불러요)예요. 우리와 가장 가까운 외계 행성이에요.

- **크기**: 지구의 0.8~1.5배
- **무게**: 지구의 1.3~3배
- **1년**: 지구의 11일
- **자기 별에서의 거리**: 0.05AU
- **태양에서의 거리**: 4.2광년

크기 비교

태양

프록시마 센타우리 b
(과학자들이 추정한 크기예요)

태양이 지구를 따뜻하게 해 주는 것처럼, 프록시마 센타우리는 프록시마 센타우리 b를 따뜻하게 해 주어요.

프록시마 센타우리 b가 어떻게 생겼는지는 아무도 몰라요. 아마도 지구와 같은 암석 행성일 것 같지만, 해왕성 같은 기체 행성일 수도 있어요. 이 행성은 생명체가 존재할 수도 있는 '골디락스 궤도'(9쪽을 참고하세요)에 있어요. 만약 이곳에 물이 있다면, 고체나 기체 상태가 아니라 강물 같은 액체 상태로 존재할 거예요. 하지만 이곳에 물이 있는지는 아직 알 수 없고, 생명체가 사는지도 아직 몰라요.

알파 센타우리 a와
알파 센타우리 b는
더 약하게 빛나요.

새로운 세계

현재 천문학자들이 아는 것은 외계 행성들이 얼마나 무거운지, 자신의 별에서 얼마나 떨어져 있는지뿐이에요. 그런데 그것만으로도 다른 항성계에 우리 태양계의 행성들과는 아주 다른 행성들이 있다는 사실을 알 수 있어요. 지금부터 우주 곳곳의 신비로운 행성들을 알아보아요!

'갈색 왜성'은 행성이라기보다 작은 별에 가까운 거대한 기체 공이에요.

외계 행성 가운데 지구처럼 표면에 물이 흐르는 암석 행성은 아직 발견하지 못했어요.

'슈퍼 목성'은 우리 태양계의 목성보다 최대 7배 크고 20배 무거운 기체 행성이에요.

'떠돌이 행성'은 성간 공간(별과 별 사이의 공간)을 떠다녀요.

외계 위성은 외계 행성의 주변을 돌아요. 하지만 외계 위성 후보는 아주 적은 수만 발견되었어요.

ESKIMO NEBULA

NGC 2392 성운

왜 성의 수명은 수십억 년이지만, 영원하지는 않아요. 우리 태양의 수명은 앞으로 약 50억 년이 남아 있지요. 왜성이 죽으면 어떻게 될까요? 이를 알아보기 위해 'NGC 2392 성운'으로 여행을 떠나 보아요. 다양한 색을 가진 이 성운은 태양과 같은 별이 죽기 시작할 때 만들어진답니다.

NGC 2392 성운은 천문학자 윌리엄 허셜이 1787년에 발견했어요. 성운을 영어로 '네뷸러(nebula)'라고 해요. '구름'이라는 뜻을 가진 라틴어 '네불라'에서 유래한 단어지요. 예전에는 이 성운이 털모자를 쓴 머리를 닮았다고 해서 '에스키모 성운'이라고 불렀어요. 하지만 에스키모라는 단어에 북극 원주민을 비하하는 뜻이 있어서, 2020년부터는 'NGC 2392 성운'이라는 이름을 사용해요. NGC 2392 성운은 '행성상 성운'이에요. 허셜이 망원경으로 이 성운을 보았을 때 행성처럼 원반 모양으로 보여서 이런 이름을 붙였어요. 하지만 실제로 이 성운은 행성과는 아무 관련이 없답니다!

- **크기**: 지름 0.7광년
- **나이**: 10,000년
- **종류**: 행성상 성운
- **태양에서의 거리**: 2,870광년

위치

쌍둥이자리 / NGC 2392

> 털모자의 털 모양을 한 이 바깥쪽 부분은 길이가 1광년 정도예요. 별에서 뿜어져 나온 기체에 날려 바깥쪽으로 퍼져 나가고 있어요.

아름다운 사진들

천문학자들은 우주 망원경으로 행성상 성운을 비롯해 멀리 떨어진 천체들의 놀라운 사진을 찍을 수 있었어요. 우주 망원경은 지구 대기 밖의 우주에 있기 때문에 공해나 도시 불빛의 방해를 받지 않지요. 또 대기가 막아 지구 표면까지 내려오지 못하는 여러 에너지의 파장들을 관측할 수 있답니다.

허블 우주 망원경은 1990년에 발사되었어요. 사진은 1924년 카를 하딩이 발견한 '나선 성운'이에요. 2003년에 찍은 사진이랍니다.

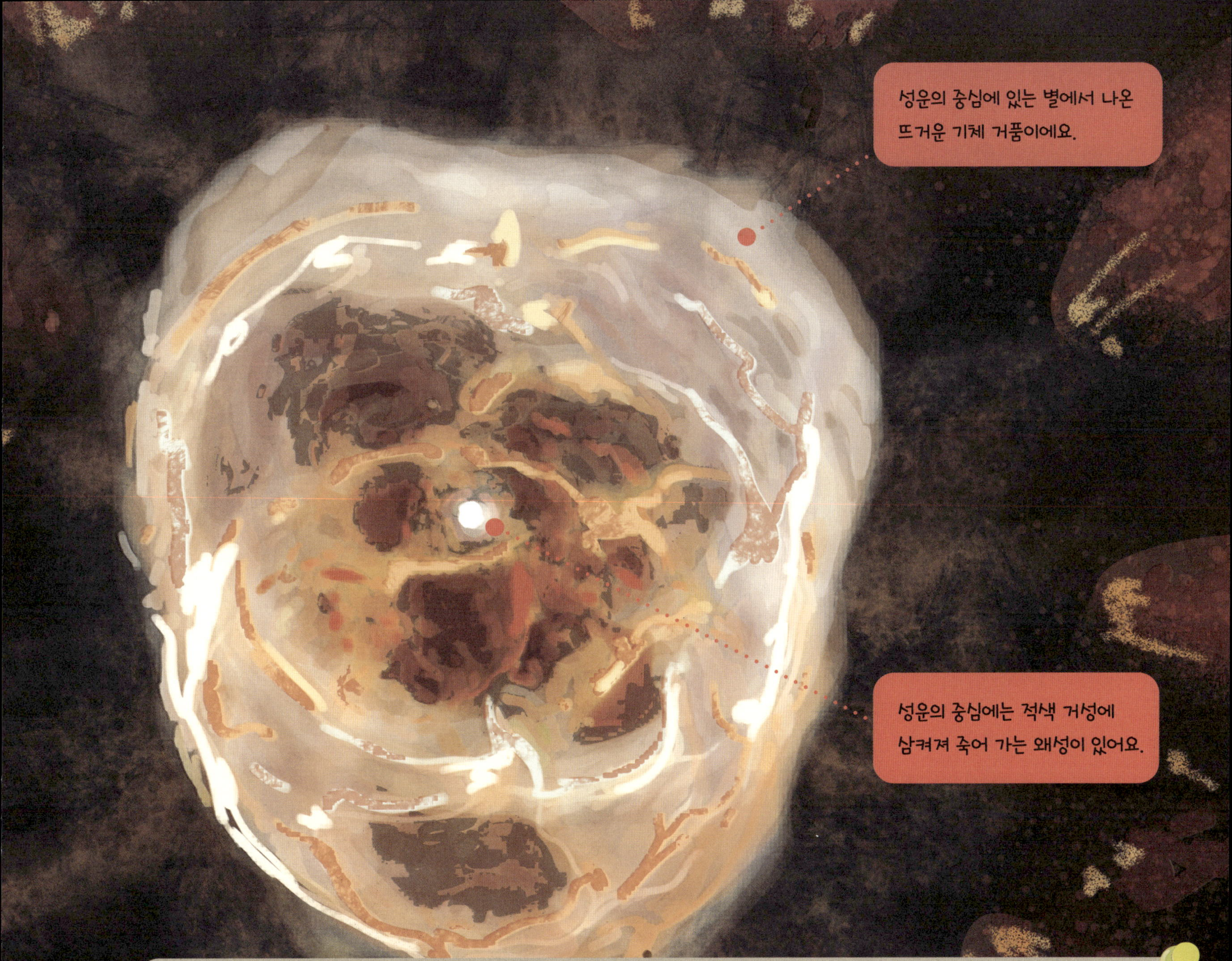

성운의 중심에 있는 별에서 나온 뜨거운 기체 거품이에요.

성운의 중심에는 적색 거성에 삼켜져 죽어 가는 왜성이 있어요.

왜성의 죽음

왜성은 수소 기체로 이루어진 공 모양의 천체예요. 왜성은 수소를 더 무거운 기체인 헬륨으로 바꾸면서 열과 빛을 내요. 수소를 모두 사용하면 그다음에는 헬륨을 사용하기 시작해요. 그러면 별은 '적색 거성'으로 팽창해요. 적색 거성은 약 5억 년 동안 타올라요. 그러고는 기체를 우주 공간으로 뿜어내며 부서지기 시작해 행성상 성운이 되지요. 마지막에 남는 것은 백색 왜성이라고 부르는 작고 뜨거운 천체예요. 백색 왜성도 결국은 식어서 열과 빛을 내지 않을 거예요. 하지만 아직 이렇게 된 백색 왜성은 없어요. 백색 왜성이 완전히 식으려면 수백조 년이 걸리는데, 우주는 아직 138억 살밖에 안 됐거든요!

왜성

적색 거성

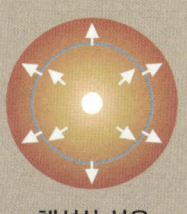
행성상 성운

백색 왜성

VY CANIS MAJORIS

큰개자리 VY

태양은 지구보다 엄청나게 커요. 상상하기 쉽지 않을 만큼요. 하지만 가장 큰 별에 비하면 태양도 아주 작아요. '큰개자리 VY'는 우주에서 가장 큰 별들을 일컫는 '적색 극대거성' 가운데 하나예요. 이 별이 내뿜는 빛의 양은 태양의 25만 배에 달해요. 하지만 지구에서 4000광년이나 떨어져 있기 때문에 망원경 없이는 보이지 않아요.

만약 큰개자리 VY를 태양계로 가져와 태양의 자리에 놓는다면, 암석 행성 모두와 소행성대, 그리고 목성까지도 삼켜 버릴 거예요. 토성이 첫 번째 행성이 되는 거지요!

- **크기**: 태양의 1,420 배
- **나이**: 1000만 년 이하
- **밝기**: 태양의 25만 배
- **수명**: 약 1000만 년
- **종류**: 적색 극대거성
- **태양에서의 거리**: 3,816광년

위치

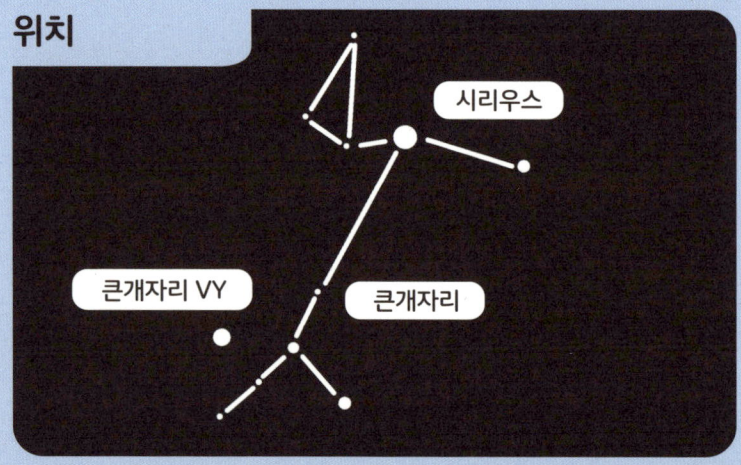

시리우스
큰개자리 VY
큰개자리

우리 태양은 황색 왜성이에요.

지름: 1,390,000km

사냥꾼 오리온

오리온자리는 밤하늘에서 찾기 쉬운 별자리 가운데 하나예요. '오리온'은 그리스 신화에 나오는 거인 사냥꾼의 이름이에요. 오리온자리 옆에는 두 사냥개가 있어요. '큰개자리'와 '작은개자리'지요.

베텔게우스
오리온의 허리띠

오리온자리의 사진이에요. 적색 초거성 베텔게우스가 사냥꾼의 한쪽 어깨를 이루고 있네요. 오리온의 '허리띠'는 가운데의 세 별로 이루어져 있어요. 오른쪽 아래 밝게 빛나는 두 별은 오리온의 두 발이고요.

시리우스는 지구에서 볼 때
가장 밝게 빛나는 별이에요.
태양보다 지름은 두 배 정도 크지만,
밝기는 25배나 더 밝은
푸른빛을 띤 흰색 별이지요.
시리우스는 큰개자리에 있고,
우리나라에서는
'천랑성(늑대별)'이라고도 불러요.

지름: 2,380,000km

지름: 1,640,000,000km

지름: 61,000,000km

알데바란은 지름이 태양보다 44배 더 큰
적색 거성이에요. 지구에서 약 65광 년
거리에 있고, 황소자리에서 가장 밝게
빛나는 별이에요.

베텔게우스는 오리온자리에서 가장
밝은 별이에요. 지름이 태양보다
1000배 이상 큰 적색 초거성이지요.
천문학자들은 베텔게우스가 앞으로
10만 년 안에 폭발할 거라고 생각해요.

지름: 1,980,000,000km

태양보다 지름이 1420배 더 큰
큰개자리 VY는 적색 극대거성이에요.
우주에서 이만큼 큰 별은 많지 않아요.
10만 개 중 하나보다 더 적어요.
큰개자리에 있어요.

CRAB NEBULA

게성운

앞(40~41쪽)에서 살펴본 것처럼 작은 별(왜성)이 죽을 때는 아름다운 기체 구름으로 사라져요. 하지만 큰 별(거성)이 죽을 때는 엄청난 폭발을 일으킨답니다. 이때 엄청나게 많은 빛이 뿜어져 나와, 지구에서는 평소에 어두워서 보이지 않던 별이 밝게 나타나 보이기도 해요. 이를 '초신성'이라고 불러요. 초신성이 폭발할 때 내뿜는 빛의 양은 태양이 1000만 년 동안 내보내는 양과 같아요.

1054년에 중국의 천문학자들이 하늘에 나타난 '손님 별'에 대해 기록했어요. 오늘날의 천문학자들은 이것이 초신성이었다고 생각해요. 그 초신성의 빛은 642일 동안 계속되다가 사라지고, 게성운이라고 하는 거대하고 복잡한 모양의 구름을 남겼어요.

- **크기**: 반지름 5.5광년
- **나이**: 약 950년
- **종류**: 초신성 잔해
- **태양에서의 거리**: 6,500광년

위치

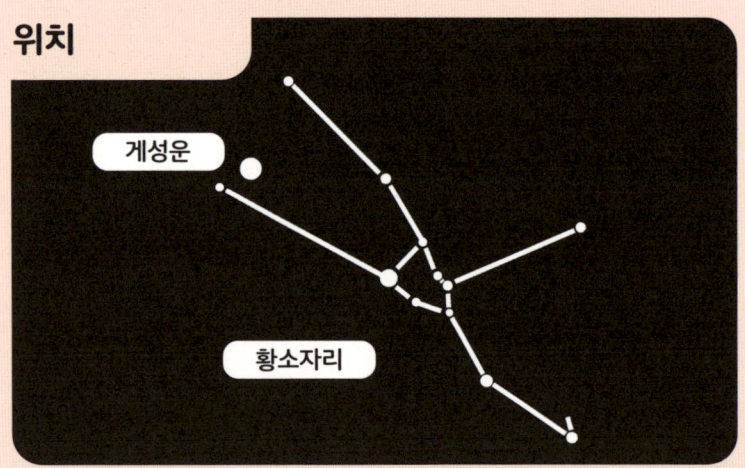

게성운 / 황소자리

찬드라 엑스선 관측선

찬드라 엑스선 망원경이 찍은 초신성 잔해 G292.0+1.8의 사진이에요.

나사(NASA)는 1999년에 '찬드라 엑스(X)선 관측선'을 우주로 쏘아 올렸어요. 이 망원경에는 엑스선을 검출하는 장비가 달려 있어요. 폭발하는 별처럼 뜨거운 곳에서 나오는 엑스선을 알아낼 수 있지요. 엑스선은 사람의 눈에 보이지 않는 에너지의 형태예요.

기체와 먼지 구름으로 이루어진 게성운은 너무 어두워서 맨눈으로는 보이지 않아요. 하지만 망원경으로는 볼 수 있지요. 달보다 약 여섯 배나 크게 보여요. 실제로는 태양계 전체보다 두 배 넘게 크고요.

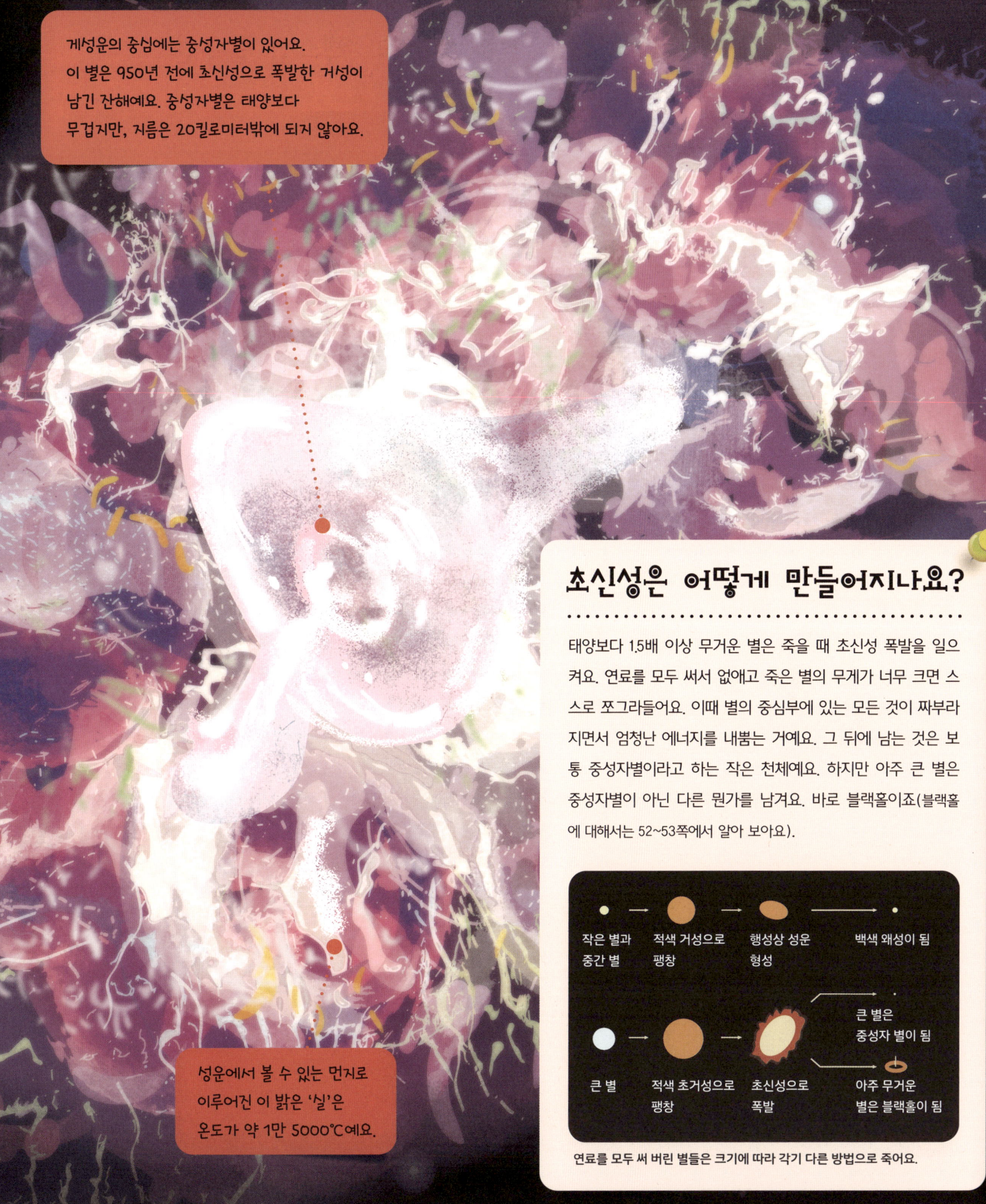

게성운의 중심에는 중성자별이 있어요. 이 별은 950년 전에 초신성으로 폭발한 거성이 남긴 잔해예요. 중성자별은 태양보다 무겁지만, 지름은 20킬로미터밖에 되지 않아요.

성운에서 볼 수 있는 먼지로 이루어진 이 밝은 '실'은 온도가 약 1만 5000℃예요.

초신성은 어떻게 만들어지나요?

태양보다 1.5배 이상 무거운 별은 죽을 때 초신성 폭발을 일으켜요. 연료를 모두 써서 없애고 죽은 별의 무게가 너무 크면 스스로 쪼그라들어요. 이때 별의 중심부에 있는 모든 것이 짜부라지면서 엄청난 에너지를 내뿜는 거예요. 그 뒤에 남는 것은 보통 중성자별이라고 하는 작은 천체예요. 하지만 아주 큰 별은 중성자별이 아닌 다른 뭔가를 남겨요. 바로 블랙홀이죠(블랙홀에 대해서는 52~53쪽에서 알아 보아요).

| 작은 별과 중간 별 | → | 적색 거성으로 팽창 | → | 행성상 성운 형성 | → | 백색 왜성이 됨 |

| 큰 별 | → | 적색 초거성으로 팽창 | → | 초신성으로 폭발 | → | 큰 별은 중성자 별이 됨 / 아주 무거운 별은 블랙홀이 됨 |

연료를 모두 써 버린 별들은 크기에 따라 각기 다른 방법으로 죽어요.

PULSAR LGM-1

펄서 LGM-1

바로 앞 페이지(45쪽)에서 거성이 죽을 때 초신성 폭발을 일으키고 중성자별이 된다고 설명했지요? '펄서'는 이런 중성자별의 한 종류랍니다. 회전하면서 주기적으로 에너지를 방출하지요. 마치 맥박처럼요(영어 단어 펄스(pulse)는 '맥박'을 뜻해요!).

LGM-1은 1967년에 영국의 천문학자 조슬린 벨 버넬과 앤터니 휴이시가 발견한 첫 번째 펄서예요. 그들은 1.3초마다 울리는 전파 신호를 찾아내고는, 혹시 외계인이 보내는 게 아니냐는 농담을 했어요. 그래서 그 펄서에 '리틀 그린 맨(little green man)'의 약자인 LGM이라는 이름을 붙였지요(리틀 그린 맨은 영어로 '작은 녹색 사람'이라는 뜻이에요. 영화나 소설에서 외계인을 가리키는 말입니다).

펄서는 아주 강력한 자기장을 가지고 있어요. (지구도 마치 거대한 자석처럼 자기장을 가지고 있어요.) 자기장은 그림처럼 별의 자북극과 자남극(자기장의 북극과 남극이라는 뜻이에요)에서 두 개의 제트로 에너지를 방출해요. 천문학에서 아주 많은 에너지가 이동하는 현상을 '제트(jet)'라고 부른답니다.

- **크기:** 지름 20km
- **나이:** 1600만 년
- **무게:** 태양의 1.4배
- **자전:** 1.3초에 1번 회전
- **태양에서의 거리:** 1,000광년

위치

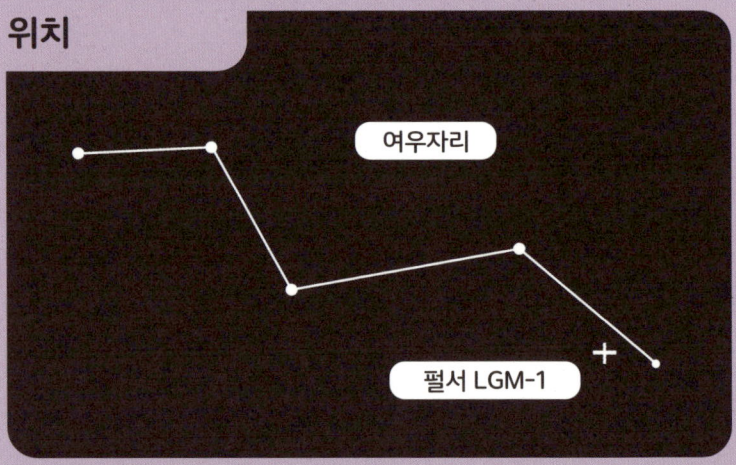

여우자리

펄서 LGM-1

회전하는 별

펄서는 우주의 등대와 같아요. 등대처럼 회전하면서 주기적으로 에너지를 내보내지요. 펄서가 내뿜는 에너지는 등대의 불빛처럼 맨눈으로 보이지는 않지만, 그보다 훨씬 강력해요. LGM-1은 1.3초마다 한 바퀴씩 회전하기 때문에, 우리는 1.3초 간격으로 전파를 받을 수 있어요.

LGM-1은 펄서 중에서는 비교적 느리게 회전하는 편이에요. 과학자들이 발견한 펄서 가운데 가장 빠르게 회전하는 별은 1초에 716회나 회전한답니다!

펄서에서 뿜어져 나온 에너지는 우주를 가로질러 여행해요.

여러 종류의 파동들

최초의 펄서는 '전파'를 탐지하는 전파 망원경으로 발견했어요. 펄서가 내뿜은 전파를 망원경으로 잡아낸 것이지요. 하지만 펄서가 내뿜는 에너지는 전파 외에도 여러 형태로 존재해요. 아주 빠르게 회전하는 펄서는 에너지가 굉장히 큰 '감마선'을 방출해요. 감마선은 핵 발전소에서 나올 만큼 강력한 에너지를 갖죠. 어떤 펄서는 감마선보다는 약한 '엑스선'을 방출해요. 엑스선은 우리가 병원에 가면 의사 선생님이 몸속의 뼈 사진을 찍을 때 사용하지요. 또 어떤 펄서는 태양 빛이나 형광등 빛처럼 우리가 눈으로 볼 수 있는 빛을 뜻하는 '가시광선'을 방출해요. 그런데 펄서가 방출하는 가시광선은 맨눈으로는 보기 어렵고, 강력한 망원경이 있어야 볼 수 있어요.

감마선　엑스선　가시광선　전파

47

CARINA NEBULA

카리나 성운
(용골자리 성운)

성운은 수명을 다한 별이 죽는 곳이기도 하지만, 새로운 별이 태어나는 곳이기도 해요. 카리나 성운은 별이 태어나는 성운 가운데 하나예요. 이 성운은 지구에서 1만 광년이나 떨어져 있지만, 너무나 거대하기 때문에 하늘에서 보름달보다 네 배 더 큰 자리를 차지해요. 천문학자들은 이 거대한 기체와 먼지 구름의 일부에 '신비의 산', '애벌레 암흑 성운' 같은 독특한 이름을 붙였어요.

카리나 성운은 지구의 남반구에서만 볼 수 있어요. 아주 밝아서 망원경 없이도 뿌연 기체 구름이나 밝은 성단(중력에 의해 묶여 있는 별들의 무리)으로 보이지요. 천문학자들은 이런 성운을 조사해서 별이 어떻게 만들어지는지 연구해요.

- 크기: 지름 460광년
- 나이: 약 300만 년
- 종류: 별 탄생 성운
- 태양에서의 거리: 1만 광년

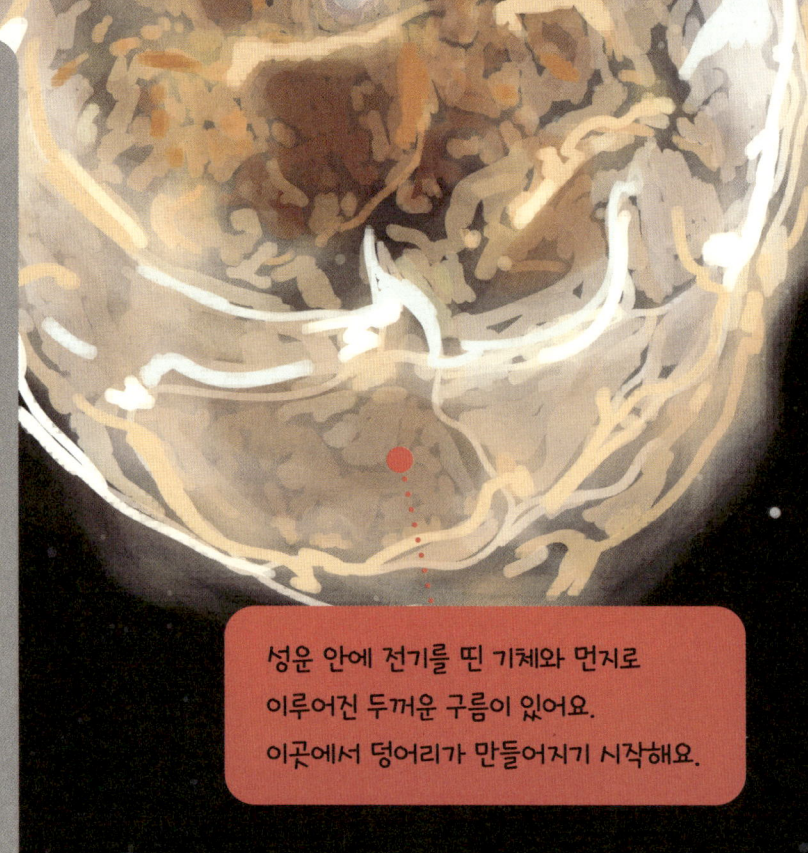

성운 안에 전기를 띤 기체와 먼지로 이루어진 두꺼운 구름이 있어요. 이곳에서 덩어리가 만들어지기 시작해요.

하늘에서의 모습

신비의 산

카리나 성운의 중심 부근에는 신비의 산이 있어요. 이 '산'은 3광년 길이의 뾰족한 구름이에요. 그 안에는 기체로 이루어진 제트를 방출하는 젊은 별이 몇 개 있어요. 이 별들이 결국에는 신비의 산을 이루는 구름을 모두 날려 보낼 거예요.

허블 우주 망원경이 2010년에 찍은 '신비의 산' 사진이에요

덩어리는 스스로 수축하며 점점 더 큰 공을 만들어요.

애벌레 암흑 성운

우주에 떠 있는 애벌레처럼 생긴 '애벌레 암흑 성운'은 먼지로 이루어져 있어요. 빛과 열이 먼지 속으로 파고들지 못하기 때문에, 이곳은 우주에서 아주 추운 곳 중 하나예요. 그 안에서는 새로운 별이 만들어지고 있어요.

애벌레 암흑 성운의 길이는 약 1광년이에요.

공이 회전을 시작하고 온도가 올라가 남극과 북극으로 제트를 방출해요. 이 제트는 주위를 둘러싼 구름을 날려 버려요. 새로운 별 주변을 먼지 원반이 둘러싸고 있어요.

먼지 원반에서 행성들이 만들어지고, 천천히 새로운 항성계가 탄생해요.. 약 46억 년 전에 우리 태양계가 바로 이렇게 태어났어요.

49

THE MILKEY WAY
우리은하

지금까지 우리가 방문했던 곳은 모두 별, 기체, 먼지가 나선 모양으로 회전하는 '우리은하' 안에 있어요. 우리은하는 우주에 있는 수많은 은하 가운데 하나예요. 우리 태양계가 속한 은하여서 '우리은하'라고 부르지요.

우리는 우리은하 안에 있기 때문에, 지구에서 그 전체를 볼 수는 없어요. 하지만 우리은하의 중심은 볼 수 있지요. 별들이 모여 마치 강물처럼 밤하늘을 가로지르는 은하수가 바로 우리은하의 중심이에요. 바이킹들은 이를 '겨울 거리'라고 불렀고, 영어 단어로는 '더 밀키 웨이(the Milky Way)' 또는 '아워 갤럭시(Our Galaxy)'라고 쓴답니다. 이 단어는 고대 그리스 신화에서 유래했어요. 헤라 여신이 헤라클레스에게 젖을 주다가 헤라클레스의 힘에 놀라 젖이 뿜어져 나왔는데, 이 젖이 은하수가 되었다는 이야기예요. 젖은 영어로 '밀크(milk)', 그리스어로는 '갈락시아스(galaxias)'여서 이런 이름이 붙었답니다!

우리은하는 나선 은하예요. 중심에서 반대 시계 방향으로 여러 가닥의 '팔'이 휘어져 나와 있어요. 이 팔들은 오래전에 죽은 초거성들이 남긴 기체 구름에서 만들어진 왜성들로 이루어져 있어요.

- **크기**: 지름 18만 광년
- **무게**: 태양의 1조 배
- **별의 수**: 4000억 개
- **나이**: 137억 년
- **회전**: 2억 4000만 년에 한 바퀴

하늘에서의 모습

지구는 우리은하의 중심에서 2만 7000광년 거리에 있는 '오리온자리 팔'에 있어요.

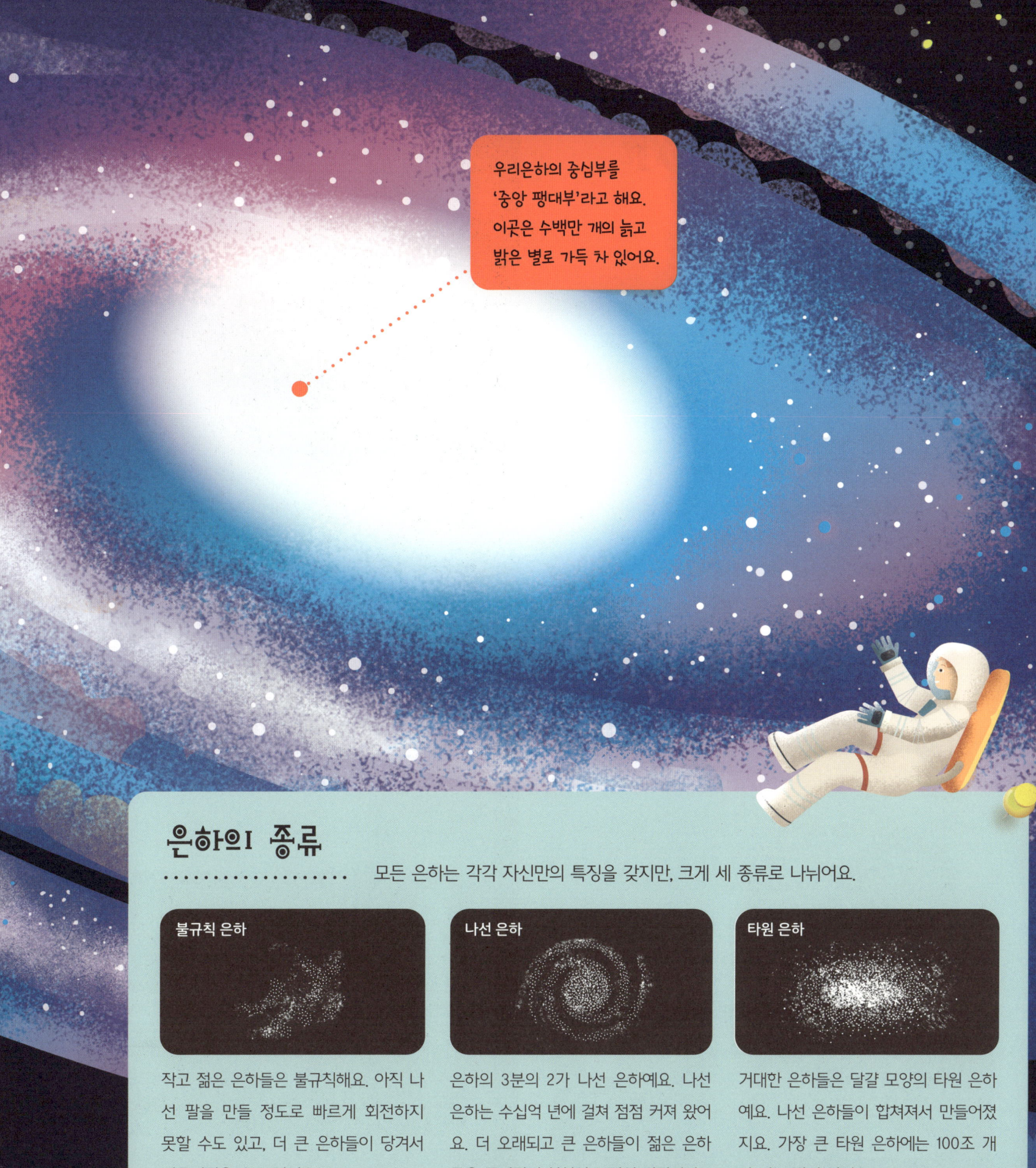

우리은하의 중심부를 '중앙 팽대부'라고 해요. 이곳은 수백만 개의 늙고 밝은 별로 가득 차 있어요.

은하의 종류

모든 은하는 각각 자신만의 특징을 갖지만, 크게 세 종류로 나뉘어요.

불규칙 은하

작고 젊은 은하들은 불규칙해요. 아직 나선 팔을 만들 정도로 빠르게 회전하지 못할 수도 있고, 더 큰 은하들이 당겨서 뒤틀어졌을 수도 있어요.

나선 은하

은하의 3분의 2가 나선 은하예요. 나선 은하는 수십억 년에 걸쳐 점점 커져 왔어요. 더 오래되고 큰 은하들이 젊은 은하들을 끌어당겨 천천히 부딪혀 간답니다.

타원 은하

거대한 은하들은 달걀 모양의 타원 은하예요. 나선 은하들이 합쳐져서 만들어졌지요. 가장 큰 타원 은하에는 100조 개가 넘는 별이 있어요.

51

SAGITTARIUS A* BLACK HOLE

궁수자리 A* 블랙홀

우리은하 한가운데에는 '궁수자리 A*'(천문학자들은 'A별'이라고 불러요)이라는 이상한 영역이 있어요. 궁수자리 A*에서는 아무런 빛이 나오지 않지만, 엑스선이나 전파 형태로 많은 에너지가 나와요. 다른 모든 것은 거대한 먼지 구름 속에 숨어 있지요. 최근에 천문학자들이 이 먼지 속에 있는 별들에서 나오는 열을 관측했어요. 그 별들은 엄청난 속도로 움직였어요. 1초에 지구를 두 바퀴나 돌 수 있을 만큼 빠르게요!

별들을 그렇게 빠르게 움직이게 할 만큼 강력한 것은 하나밖에 없어요. '초거대 질량 블랙홀'이라 부르는 질량이 아주 큰 블랙홀이죠. 천문학자들은 다른 은하들도 대부분 중심에 초거대 질량 블랙홀을 가지고 있을 거라고 생각해요. 지금까지 발견된 가장 큰 초거대 질량 블랙홀은 지름이 우리은하의 블랙홀보다 1만 배나 더 커요! 이 블랙홀은 지구에서 120억 광년 떨어져 있어요.

- **크기:** 지름 4.6광년
- **무게:** 태양의 400만 배
- **태양에서의 거리:** 27,000광년

위치

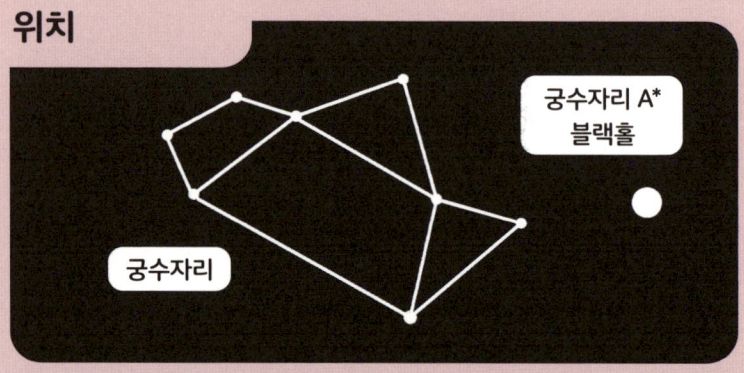

궁수자리 A* 블랙홀

궁수자리

블랙홀이 자라나요!

블랙홀은 아주 작은 것부터 초거대 질량 블랙홀까지 크기가 다양해요. 천문학자들은 대부분의 블랙홀이 거성이 초신성으로 붕괴할 때 만들어진다고 생각해요. 이때 별이 받는 압력이 너무 강해서, 측정할 수 없을 정도로 작게 수축하지요. 이 작은 블랙홀이 태양보다 몇 배나 더 무거워요. 블랙홀은 시간이 지나면서 주위의 먼지와 별을 삼키며 자라나요.

궁수자리 A*은 맨눈으로는 볼 수 없어요. 하지만 천문학자들은 특별한 카메라를 이용해 블랙홀로 끌려들어 가는 먼지에서 방출되는 엑스선을 볼 수 있어요. 사진 가운데 밝게 보이는 지역이 궁수자리 A*이에요!

블랙홀에 빨려 들어가면 어떡하죠?

지구는 블랙홀에 빨려 들어가지 않을 거예요. 휴!

지구가 블랙홀에 빨려 들어갈 수 있을까요? 아니요! 지구를 삼킬 만큼 가까이 있는 블랙홀은 없어요. 태양은 결코 블랙홀이 될 수 없어요. 초신성으로 폭발하기에는 너무 작기 때문이에요.

블랙홀은 매우 작지만 아주 무겁기 때문에 우주에서 가장 강력한 중력을 만들어요. 어떤 것도 블랙홀의 중력이 당기는 힘에서 탈출할 수 없어요. 심지어 빛조차도요. 그래서 블랙홀이 '검은(black)' 거예요!

블랙홀은 '사건의 지평선'이라는 이름의 고리로 둘러싸여 있어요. 여러분이 이 고리 안으로 들어가면 블랙홀이 여러분을 끌어당길 거예요! 궁수자리 A*의 사건의 지평선은 지름이 1300만 킬로미터예요. 현재 이 블랙홀은 조용해요. 사건의 지평선 안에 끌어당길 만한 것이 없기 때문이에요.

THE LOCAL GROUP
국부 은하군

과학자들이 만든 가장 빠른 우주선은 1초에 17킬로미터를 갈 수 있어요. 그러면 이 우주선을 타고 우리은하를 가로지르는 데 얼마나 걸릴까요? 약 20억 년이에요! 우리가 우리은하 밖을 여행하기는 것은 거의 불가능할 정도예요. 정말 엄청난 크기지요?

그런데 우주에는 은하보다 더 큰 것도 있어요. 우주는 점점 더 큰 것을 만들어 내지요. 은하들은 우주에 골고루 퍼져 있지 않고, 집단을 이루고 있어요. 우리은하는 '국부 은하군'이라고 하는 은하단의 일부예요. 국부 은하군에는 54개의 은하와 더 작은 성단들이 있어요. 은하들이 모여 은하단을 이루고, 은하단들이 모여서 초은하단을 이루지요. 국부 은하군은 다른 약 100개의 은하단과 함께 처녀자리 초은하단에 속해 있어요. 이렇게 은하와 은하단들이 모여 집단을 이루게 만드는 힘이 바로 중력이에요.

- **크기:** 지름 1000만 광년
- **은하의 수:** 54개
- **소속:** 처녀자리 초은하단
  (지름 1억 1000만 광년, 은하의 수 47,000개)

위치

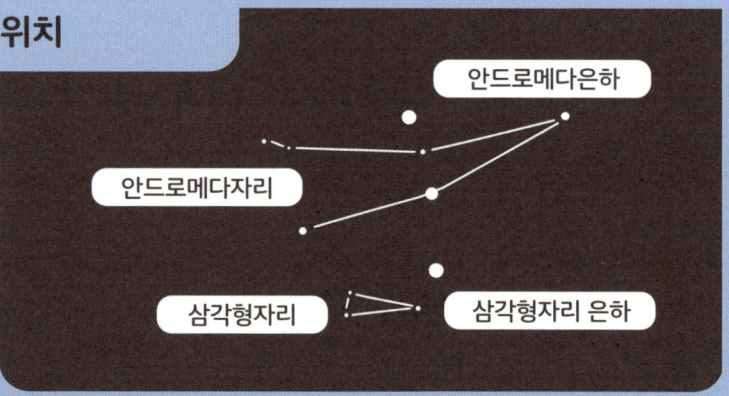

국부 은하군은 작은 은하들이 큰 은하들의 주위를 돌면서 중력으로 서로 묶여 있어요. 우리은하 주위를 도는 가장 큰 은하는 '대마젤란은하'예요.

사자자리 II 은하
작은곰자리
용자리 은하
우리은하
대마젤란성운
소마젤란성운
조각가자리 은하
화로자리 은하

사자자리 I 은하

사자자리1은하는 가장 멀리서 우리은하 주위를 도는 은하예요. 지구에서 약 82만 광년 거리에 있어요.

초은하단과 벽

초은하단은 중력으로 연결되어 있지는 않지만 실 같은 모양으로 거칠게 정렬되어 있어요. 이를 '벽'이라고 부르고, 벽 사이의 공간을 '공동'이라고 해요. 공동은 수백만 광년 동안 별도 은하도, 그 어떤 것도 없는 곳이에요.

우주의 3차원 그래픽 모형이에요. 실처럼 생긴 은하들의 벽이 보이나요?

안드로메다은하

국부 은하군에는 우리은하와 함께 큰 나선 은하가 두 개 더 있어요. '안드로메다은하'와 '삼각형자리은하'예요. 국부 은하군에 있는 다른 은하들은 대부분 크기가 작은 불규칙 은하예요.

안드로메다은하

국부 은하군에서 가장 큰 은하는 안드로메다은하예요. 지름이 22만 광년이고, 1조 개의 별을 가지고 있어요(우리은하는 4000억 개의 별을 가지고 있어요). 우리은하와 안드로메다은하의 중력은 서로를 초속 110킬로미터로 끌어당겨요. 약 40억 년 후에는 두 은하가 충돌해서 큰 타원 은하를 만들 거예요.

삼각형자리 은하

우주 망원경 '은하진화탐사선'이 찍은 안드로메다은하 사진이에요.

QUASAR 3C 273

퀘이사 3C 273

우리은하 중심에 있는 블랙홀은 비교적 조용해요. 근처에 삼킬 만한 별이 더는 없기 때문이죠. 우리은하와 우리은하의 블랙홀은 약 130억 년을 살았거든요. 젊은 은하들은 수천 개의 별을 먹어 치우며 강력한 빛을 내뿜는 아주 활동적인 블랙홀을 가지고 있어요. 이렇게 아주 밝은 은하를 '퀘이사(quasar)'라고 해요.

퀘이사는 모두 지구에서 아주 먼 곳에 있어요. 비교적 가까이 있는 퀘이사인 '3C 273'도 20억 광년이나 떨어져 있답니다. 이 퀘이사가 내보낸 빛이 우리에게 도착하기까지 20억 년이 걸린다는 뜻이에요. 즉 우리는 이 퀘이사의 20억 년 전의 모습을 보고 있는 거지요! 젊은 은하인 퀘이사가 모두 멀리 떨어져 있는 이유를 알겠나요? 그래서 퀘이사는 모두 그렇게 멀리 있는 거예요. 우리에게서 더 멀리 있을수록, 더 젊을 때의 모습이 우리에게 보이는 거지요!

3C 273은 거대 타원 은하의 중심에 있어요.

- **태양에서의 거리:** 20억 광년
- **밝기:** 태양의 4조 배
- **중심 블랙홀의 무게:** 태양의 8억 8600만 배

위치

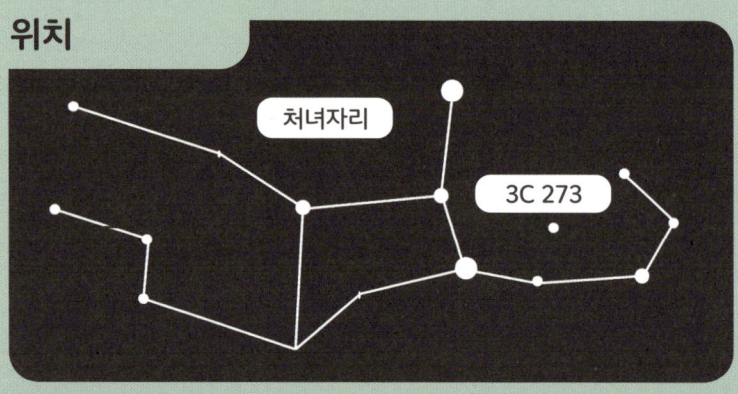

처녀자리 / 3C 273

최초의 발견

3C 273은 여러분이 가진 작은 망원경으로 볼 수 있는 천체 가운데 가장 멀리 있어요. 과거에는 이것이 별이라고 생각했지만, 1960년대에 네덜란드 출신의 미국 천문학자 마틴 슈미트가 이 빛나는 천체가 퀘이사라는 것을 처음으로 밝혀냈어요. 3C 273은 지구에서 볼 수 있는 가장 밝은 퀘이사예요.

허블 우주 망원경이 찍은 사진이에요. 3C 273이 마치 별처럼 보이지요? 하지만 사실은 멀리 떨어진 곳에 있는 은하랍니다.

블레이저

퀘이사가 내뿜는 광선이 지구를 향하면 우리에게 뚜렷이 보여요. 천문학자들은 이렇게 지구에서 뚜렷하게 보이는 퀘이사를 '블레이저'라고 불러요. 지구에서 보기에 블레이저는 다른 퀘이사와 약간 다른데, 그건 아마도 우리가 퀘이사를 보는 각도가 다르기 때문일 거예요.

블레이저　　　퀘이사

퀘이사는 중심에 거대한 블랙홀을 가진 은하예요. 별과 먼지가 블랙홀로 빨려 들어가고 있어요.

블랙홀이 별과 먼지를 삼킬 때 엄청난 에너지가 빛, 엑스선, 전파, 그리고 눈으로 볼 수 없는 수많은 형태로 뿜어져 나와요.

JAMES WEBB SPACE TELESCOPE

제임스 웹 우주 망원경

과거에 지구와 우주에 있는 가장 강력한 망원경은 130광년 조금 넘는 곳까지 볼 수 있었어요. 그런데 2021년에 발사된 제임스 웹 우주 망원경은 무려 136억 광년 떨어진 곳까지 볼 수 있답니다!

뭔가가 더 멀리 있다면 우리에게 더 젊게 보인다는 사실을 기억하세요. 빛과 열이 우리에게 도착하는 데 그만큼 오랜 시간이 걸리기 때문이죠. 그러니까 천문학자들은 제임스 웹 우주 망원경을 이용해 우주 초기에 별과 은하들이 어떻게 만들어졌는지 더 많은 사실을 알아낼 수 있어요. 망원경은 일종의 타임머신이에요!

- **크기:** 너비 21m
- **거울:** 지름 6.5m
- **무게:** 6,200kg
- **지구에서의 거리:** 1,500,000km
- **비용:** 100억 달러
- **발사:** 2021년 10월

크기

제임스 웹 우주 망원경은 금으로 코팅된 육각형 모양의 베릴륨 금속 18개로 만들어진 거울을 갖고 있어요. 이 거울은 먼 우주에서 오는 약한 열을 잡아서 검출기로 보내요.

현재

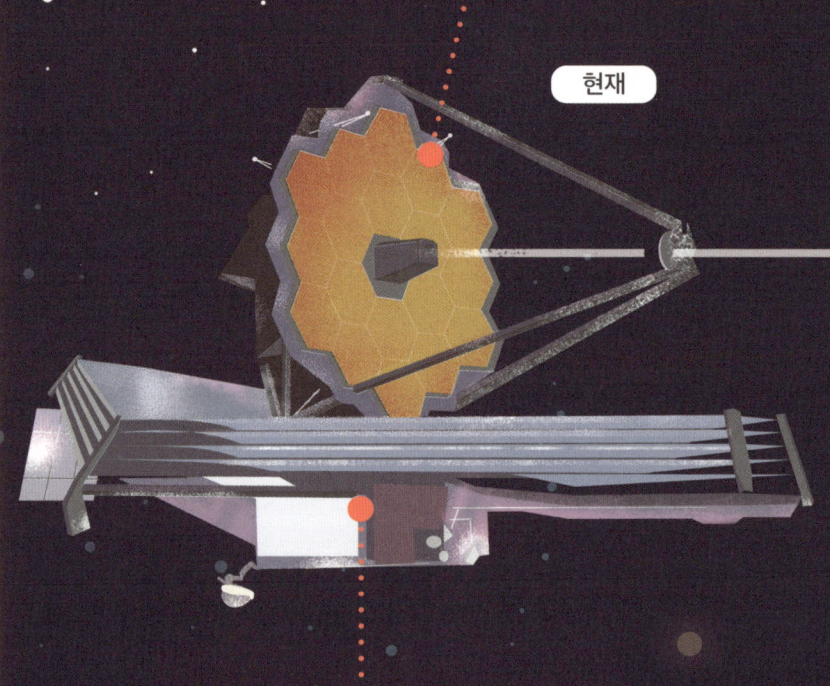

태양과 지구에서 오는 열을 막는 방패를 장착하고 있어요. 망원경이 너무 뜨거워지면 멀리 있는 별에서 오는 열을 잡아낼 수가 없거든요. 이 방패는 테니스 코트만큼 크답니다.

제임스 웹 우주 망원경은 '최초의 별'이 만들어진 때인 136억 년 전을 볼 수 있어요.

48억 년 전: 태양이 만들어짐

128억 년 전: 최초의 은하가 만들어짐

138억 년 전: 우주가 태어남

136억 년 전: 최초의 별이 만들어짐

어떻게 작동할까요?

제임스 웹 우주 망원경 이전에 사용하던 우주 망원경들은 132억 광년까지밖에 볼 수 없었어요. 우주의 나이가 6억 년이던 132억 년 전을 보는 거죠. 이 망원경들은 우리가 쓰는 카메라처럼 빛을 이용해서 사진을 찍기 때문에 더 멀리 볼 수가 없었어요. 132억 광년보다 더 멀리 있는 별은 너무나 빠르게 움직이기 때문에 내뿜는 에너지의 파장이 길어져 눈으로 볼 수 없는 적외선 형태가 돼요. 제임스 웹 우주망원경은 야간 보안 카메라처럼 이 적외선을 감지해 사진을 찍는답니다.

한 과학자가 망원경의 육각형 거울 중 하나에 미세한 오류가 있는지 조사하는 중이에요.

THE EDGE OF THE UNIVERSE

우주의 끝을 찾아서

우주에 끝이 있을까요? 이 질문에 대답하기는 매우 어려워요! 우주는 138억 년 전 '빅뱅(대폭발)'으로 태어났어요. 빅뱅이 일어나며 아주 작은 점에서 팽창을 시작해 지금까지 계속 커지고 있지요. 하지만 빅뱅 이전에 무엇이 있었는지는 아무도 몰라요.

우리는 사방으로 138억 광년 크기의 거대한 우주 속에 살고 있어요. 그 바깥은 우리가 알 수 있는 우주가 아니에요. 우리 우주는 커지고 있지만 그 바깥에는 아무것도 없어요. 길이도, 너비도, 높이도, 심지어 시간도 없는 거예요!

우주를 이해하기는 쉽지 않지만 지구에서 가장 똑똑한 과학자들이 우주의 신비를 이해하려고 계속 노력하고 있어요. 언젠가 그 답을 찾는 사람이 여러분이 될지도 모르고요!

우주의 초단파!

파장이 아주 짧은 전파를 '초단파'라고 해요. 우주에는 '우주 초단파 배경 복사'라고 하는 희미한 초단파가 가득 차 있어요. 이것은 우주의 나이가 불과 38만 년일 때 우주를 가득 채웠던 빛의 잔해예요. 그때 수소 원자가 우주 전체에서 만들어지면서 하늘에 있는 모든 별보다 100배 더 밝은 빛을 만들어 냈어요. 그 빛은 이후 약 138억 년 동안 눈에 보이지 않는 초단파로 늘어났어요.

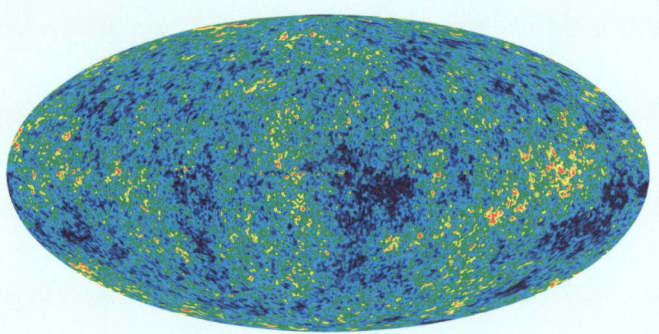

우주 초단파 배경 복사 사진은 최초의 원자들이 우주에 고르게 퍼져 있지 않았다는 사실을 알려 줘요. 사진에서 붉은색과 노란색으로 표시한 부분이 다른 곳보다 원자가 더 많은 부분이에요. 이런 곳이 우리가 지금 보는 초은하단 벽이 되었어요.

라디오 주파수를 잘 조절하면 빅뱅의 메아리를 들을 수 있어요. 100개의 잡음 중 하나가 빅뱅이 만들어 낸 빛의 잔해가 수십억 년 동안 전파로 늘어나서 만드는 소리랍니다.

찾아보기

갈색 왜성 39
거대 기체 행성 24, 26, 39
거대 얼음 행성 28, 30
게성운 44, 45
고리 26~28, 31
광년 7
국부 은하군 6, 54, 55
국제 우주 정거장(ISS) 10, 11
궁수자리 A* 52, 53
궤도 6, 12, 17, 22, 31, 32
극대 거성 42, 43
금성 6, 18, 19, 24
달 6, 12, 13
대마젤란은하 54
대적반 25
대흑반 30
떠돌이 행성 39
명왕성 32, 33

목성 7, 24, 25
물 8~10, 20, 25, 38
밀물과 썰물 12
백색 왜성 41
베텔게우스 43
별자리 4, 5
블랙홀 45, 52, 53, 56, 57
블레이저 57
빅뱅 60
사건의 지평선 53
생명체 8, 20, 21, 25
성운 40, 41, 44, 45, 48, 49
세레스 23, 32
소행성 6, 16, 21~23
소행성대 22, 23
수성 6, 16, 17, 24
시리우스 43
안드로메다은하 55

알데바란 43
알파 센타우리 36~39
암석 행성 24
에로스 23
엑스선 44, 47, 52, 57
오로라 15
오리온자리 42
왜성 37, 40, 41
왜소 행성 32, 33
외계 행성 38, 39
우리은하 6, 50~52, 54~56
우주 6, 54, 60, 61
우주 비행사 10, 12, 13
우주 탐사선 18, 21, 23, 24, 27, 28, 33, 35
운석 17
위성 21, 25, 27, 31, 33, 39
유로파 25
유성우 35
은하 6, 50~52, 54~57, 60
이오 25
자기장 15, 46

적색 거성 41~43
적색 왜성 37
제임스 웹 우주 망원경 58, 59
중력 6, 12, 22, 23, 31, 32, 53~55
중성자별 45, 46
지구 6, 8, 9, 12, 13, 15, 24
처녀자리 초은하단 6, 54
천문단위 7
천문학자 4
천왕성 7, 24, 28, 29
초신성 폭발 44~46, 52
초은하단 6, 54, 55, 60
카리나 성운 48, 49